Jörg F. Kurzenberger

Nachweisproblematik und Gutglaubensschutz bei innergemeinschaftlichen Lieferungen

igel Verlag
RWS

Kurzenberger, Jörg F.: Nachweisproblematik und Gutglaubensschutz bei innergemeinschaftlichen Lieferungen, Hamburg, Igel Verlag RWS 2014

Buch-ISBN: 978-3-95485-070-9
PDF-eBook-ISBN: 978-3-95485-570-4
Druck/Herstellung: Igel Verlag RWS, Hamburg, 2014

Bibliografische Information der Deutschen Nationalbibliothek:
Die Deutsche Nationalbibliothek verzeichnet diese Publikation in der Deutschen Nationalbibliografie; detaillierte bibliografische Daten sind im Internet über http://dnb.d-nb.de abrufbar.

Hermannstal 119k, 22119 Hamburg
http://www.diplomica.de, Hamburg 2014
Printed in Germany

Inhaltsverzeichnis

Abbildungsverzeichnis

Abkürzungsverzeichnis

a.A.	anderer Ansicht
a.a.O.	am angegebenen Ort
Abb.	Abbildung
ABl.	Amtsblatt der Europäischen Gemeinschaft
Anl.	Anlage
AO	Abgabenordnung
Art.	Artikel
Aufl.	Auflage
Az.	Aktenzeichen
BB	Betriebsberater (Zeitschrift)
BeckRS	Beck-Rechtsprechung
Beschl.	Beschluss
BFH	Bundesfinanzhof
BGBl.	Bundesgesetzblatt
BMF	Bundesministerium der Finanzen
bspw.	beispielsweise
BStBl.	Bundessteuerblatt
BT-Drucks.	Bundestags-Drucksache
bzw.	beziehungsweise

d.h.	das heißt
DB	Der Betrieb (Zeitschrift)
ders.	derselbe
ders.A.	derselben Ansicht
Dr.	Doktor
DStR	Deutsches Steuerrecht (Zeitschrift)
DStRE	Deutsches Steuerrecht Entscheidungsdienst (Zeitschrift)
EFG	Entscheidungen der Finanzgerichte (Zeitschrift)
EG	Europäische Gemeinschaft
EGV	Vertrag zur Gründung der Europäischen Gemeinschaft
EU	Europäische Union
EuGH	Gerichtshof der Europäischen Gemeinschaft
EU-UStB	EU-Umsatz-Steuer-Berater (Zeitschrift)
EUV	Vertrag über die Europäische Union
EuZW	Europäische Zeitschrift für Wirtschaftsrecht (Zeitschrift)
EWG	Europäische Wirtschaftsgemeinschaft
EWGV	Vertrag zur Gründung der Europäischen Wirtschaftsgemeinschaft
f.	folgende
ff.	fortfolgende
FG	Finanzgericht
FGO	Finanzgerichtsordnung
Fn.	Fußnote
ggf.	gegebenenfalls

grdl.	grundlegend
grds.	grundsätzlich
HGB	Handelsgesetzbuch
Hrsg.	Herausgeber
i.d.R.	in der Regel
i.S.d.	im Sinne des/der
i.V.m.	in Verbindung mit
IStR	Internationales Steuerrecht (Zeitschrift)
IT	Informationstechnologie
JbFSt	Jahrbuch der Fachanwälte für Steuerrecht
Kfz	Kraftfahrzeug
lit.	litera
Lkw	Lastkraftwagen
m.w.N.	mit weiteren Nachweisen
MwSt	Mehrwertsteuer
Nds.	Niedersachsen
Nr.	Nummer
NWB	Neue Wirtschafts-Briefe (Zeitschrift)
NZV	Neue Zeitschrift für Verkehrsrecht (Zeitschrift)
o.V.	ohne Verfasser
OFD	Oberfinanzdirektion
Pkw	Personenkraftwagen
Rn.	Randnummer

Rs.	Rechtssache
S.	Satz/Seite
Slg.	Amtliche Sammlung der Rechtsprechung des Gerichtshofes und des Gerichts erster Instanz
sog.	so genannt
u.a.	und andere/unter anderem
u.U.	unter Umständen
UR	Umsatzsteuer-Rundschau (Zeitschrift)
Urt.	Urteil
USt	Umsatzsteuer
UStB	Umsatz-Steuer-Berater (Zeitschrift)
UStDV	Umsatzsteuer-Durchführungsverordnung
UStG	Umsatzsteuergesetz
UStR	Umsatzsteuer-Richtlinien
UVR	Umsatzsteuer- und Verkehrsteuer-Recht (Zeitschrift)
v.	von/vom
VAT	Value Added Tax (englisch für Umsatzsteuer)
Vfg.	Verfügung
VfGH	Österreichischer Verfassungsgerichtshof
vgl.	vergleiche
VO	Verordnung
Vol.	Volume (englisch für Band)
z.B.	zum Beispiel

Einleitung

In seinen Urteilen in den Rs. *Collée*[1], *Teleos*[2] und *Twoh International*[3] sowie *Netto Supermarkt*[4] hatte sich der EuGH mit der Frage der EG-Rechtskonformität der Ausgestaltung nationaler Nachweispflichten an innergemeinschaftlich tätige Unternehmer und der europarechtlichen Notwendigkeit eines umsatzsteuerlichen Gutglaubensschutzes zu befassen. Diese auch für die Praxis grundlegenden Urteile gaben mir den Anlass, mich mit dieser Thematik eingehender zu beschäftigen und die vorliegende Untersuchung mit dem Thema *Nachweisproblematik und Gutglaubensschutz bei innergemeinschaftlichen Lieferungen* zu verfassen.

Die Abschaffung der steuerlichen Grenzkontrollen zum 1.1.1993 und die damit beabsichtigte Verwirklichung des europäischen Binnenmarktes im mehrwertsteuerlichen[5] Bereich brachten vordergründig enorme Erleichterungen des innergemeinschaftlichen Warenverkehrs mit sich. Allerdings konnte man sich noch nicht auf ein endgültig harmonisiertes Mehrwertsteuersystem einigen: Lieferungen in einen anderen Mitgliedstaat werden nach wie vor anders beurteilt als rein nationale Lieferungen. Deshalb musste ein zu den Grenzkontrollen alternatives Verfahren eingeführt werden, anhand dessen die innergemeinschaftlichen Warentransaktionen nachvollzogen und kontrolliert werden können. Grundsätzlich kann ein solches Verfahren durch einen erhöhten Informationsaustausch zwischen den beteiligten Mitgliedstaaten oder erhöhte Nachweispflichten für die Unternehmer bzw. Steuerpflichtigen[6] gewährleistet werden. Der deutsche Gesetz- und Verordnungsgeber entschied sich für Letzteres und kodifizierte umfassende Nachweispflichten, die die innergemeinschaftlichen Lieferanten zu erfüllen haben. Fortan wurden diese an den Unternehmer gestellten Verpflichtungen zu einem finanzgerichtlichen Dauerbrenner; vor allem aufgrund von Unklarheiten über Art und Umfang der Nachweiserfordernisse, aber auch im Hinblick auf eine eventuelle Inanspruchnahme der Gutglaubensschutzregelung.

Vor dem Hintergrund der oben genannten EuGH-Entscheidungen ist es das Ziel dieser Arbeit, die deutschen Nachweis- und Gutglaubensschutzregelungen zu hinterfragen und auf Konformität mit den europa- und mehrwertsteuerlichen Grundsätzen hin zu überprü-

---

1 Vgl. EuGH, Urt. v. 27.9.2007, Rs. C-146/05, *Collée*, Slg. 2007, I-7861=UR 2007, 813.
2 Vgl. EuGH, Urt. v. 27.9.2007, Rs. C-409/04, *Teleos*, Slg. 2007, I-7797=IStR 2007, 740.
3 Vgl. EuGH, Urt. v. 27.9.2007, Rs. C-184/05, *Twoh International*, Slg. 2007, 7897=IStR 2007, 745.
4 Vgl. EuGH, Urt. v. 21.2.2008, Rs. C-271/06, *Netto Supermarkt*, DStR 2008, 450.
5 Wird im europäischen Sprachgebrauch von der Mehrwertsteuer gesprochen, verwendet man in Deutschland den Begriff Umsatzsteuer. Diese beiden Begriffe sind gleichbedeutend und sollen fortan synonym verwendet werden.
6 Auch die Begriffe des Steuerpflichtigen respektive des Unternehmers werden fortan synonym verwendet.

fen. Schwerpunkt wird hierbei sein, herauszuarbeiten, wie sich die Rechtsprechung des EuGH auf die deutschen Regelungen und ihre Auslegung ausgewirkt hat und noch auswirken wird, welche qualitativen Anforderungen an die Nachweise zu stellen sind und in welchem Verhältnis die Nachweispflichten zu der Gutglaubensschutzregelung stehen.

Zunächst wird es dazu im Teil A der vorliegenden Untersuchung darum gehen, die Auswirkungen der Verwirklichung des Europäischen Binnenmarktes und der damit einher gehenden Umsatzsteuerharmonisierung auf innergemeinschaftliche Warentransaktionen und deren Akteure darzustellen. Es sei an dieser Stelle vermerkt, dass im Verlauf dieser Untersuchung nur der Normalfall der innergemeinschaftlichen Lieferung, d.h. die Lieferung eines Unternehmers an einen Unternehmer in einem anderen Mitgliedstaat, behandelt wird. Sämtliche Ausnahmeregelungen, wie bspw. die Lieferung an im übrigen Gemeinschaftsgebiet ansässige Privatpersonen, sind nicht Thema dieser Arbeit.

Wie einleitend dargestellt, gingen mit der Abschaffung der steuerlichen Grenzkontrollen Nachweispflichten für die innergemeinschaftlich agierenden Unternehmer einher, welche in Teil B beschrieben werden. Maßgeblich wird hierbei sein, die Folgen der einschlägigen EuGH-Rechtsprechung auf die deutschen Nachweispflichten darzustellen. Darüber hinaus werden die deutschen Nachweispflichten an den zu erläuternden europa- und mehrwertsteuerlichen Rechtsgrundsätzen gemessen.

Hieran anschließend soll in Teil C herausgearbeitet werden, ob eine Gutglaubensschutzregelung europarechtlich gefordert ist und ob die schon vor eineinhalb Dekaden normierte deutsche Gutglaubensschutzregelung mit der aktuellen Rechtsprechung des EuGH in Einklang zu bringen ist.

Abgerundet wird die vorliegende Untersuchung durch eine Schlussbetrachtung. In dieser sollen die wesentlichen Ergebnisse und die daraus gewonnenen Folgerungen unter Berücksichtigung der Gesamtproblematik dargestellt werden.

A. Innergemeinschaftliche Lieferung

I. Historische Entwicklung des Konstrukts der innergemeinschaftlichen Lieferung

1. Binnenmarktkonzept unter der Berücksichtigung der Grundfreiheiten und Wettbewerbsneutralität als europarechtliche Basis

Um einen Überblick über die Entwicklung des Begriffs der innergemeinschaftlichen Lieferung zu geben, ist auf die Anfänge der Europäischen Union zurück zu gehen, da bereits mit Abschluss des Vertrags der Europäischen Wirtschaftsgemeinschaft[7] im Jahre 1957 die Basis für dieses umsatzsteuerrechtliche Konstrukt gelegt wurde. Gemäß Art. 2 EWGV[8] soll durch die Errichtung eines Gemeinsamen Marktes eine harmonische Entwicklung des Wirtschaftslebens innerhalb der Gemeinschaft gefördert werden. Geprägt ist der Begriff des Gemeinsamen Marktes durch die Verwirklichung dreier aufeinander aufbauender Momente. Erstens die Errichtung einer Zollunion, die nach außen eine ökonomische Einheit bildet und nach innen das Verbot von Zöllen und Abgaben innerhalb der Gemeinschaft festlegt; zweitens die Beseitigung aller Hemmnisse im innergemeinschaftlichen Handel mit dem Ziel der Verschmelzung der nationalen Märkte zu einem einheitlichen Binnenmarkt und drittens die Errichtung eines wettbewerbsneutralen Systems[9]. Das Ziel des Gemeinsamen Marktes führt somit zum Zusammenwachsen Europas[10] und verknüpft, um dies vorwegzunehmen, die Grundfreiheiten und die Wettbewerbsvorschriften[11]. Auch in steuerlicher Hinsicht sind diese Ziele zu gewährleisten[12], sodass *Steuergrenzen* innerhalb der Gemeinschaft zu vermeiden sind und *steuerliche Wettbewerbsneutralität* hergestellt werden soll[13]. Diskriminierungsverbote (Art. 95 bis 98 EWGV[14]) und Steuerharmonisierung (Art. 99 EWGV[15]) sind die sich gegenseitig ergänzenden Instrumentarien zur Durchsetzung der Idee eines Gemeinsamen Marktes im Bereich der Steuern[16].

Nachdem der Ausbau des Gemeinsamen Marktes Anfang der 1980er-Jahre ins Stocken geriet[17], wurde die Konzeption eines Europäischen Binnenmarktes auf Veranlassung der Europäischen Kommission vorangetrieben, welche am 14.6.1985 ein Weißbuch über die

---

7 Vertrag zur Gründung der Europäischen Wirtschaftsgemeinschaft v. 25.3.1957, BGBl. II 1957, 766.
8 In seiner Urfassung v. 25.3.1957.
9 Vgl. *v. Bogdany*, in: Grabitz/Hilf, Recht der EU, Art. 2 EGV, Rn. 38 ff.
10 Vgl. *Pieper*, in: Birk, EG-Steuerrecht, § 1, Rn. 32.
11 Vgl. *v. Bogdany*, in: Grabitz/Hilf, Recht der EU, Art. 2 EGV, Rn. 41.
12 Vgl. *Mick*, in: Birk, EG-Steuerrecht, § 24, Rn. 4.
13 Vgl. *Waldhoff*, in: Callies/Ruffert, EUV/EGV, Art. 90 EGV, Rn. 5.
14 In seiner Urfassung v. 25.3.1957, mittlerweile Art. 90 bis 92 EGV.
15 In seiner Urfassung v. 25.3.1957, mittlerweile Art. 93 EGV.
16 Vgl. *Waldhoff*, in: Callies/Ruffert, EUV/EGV, Art. 90 EGV, Rn. 4.
17 Vgl. *Kahl*, in: Callies/Ruffert, EUV/EGV, Art. 14, Rn. 1.

Vollendung des Binnenmarktes veröffentlichte[18]. Mit den darin enthaltenen Vorschlägen für Harmonisierungsmaßnahmen sollten die wichtigsten materiellen, technischen und steuerlichen Schranken innerhalb des Gemeinschaftsgebiets ausgeräumt werden und das rechtliche Umfeld für die grenzüberschreitende Tätigkeit von Unternehmen verbessert werden[19]. Daran anknüpfend wurde durch die Einheitliche Europäische Akte[20] der Begriff des Binnenmarktes mit Wirkung zum 1.7.1987 und dessen schrittweise Errichtung bis zum 31.12.1992 gesetzlich verankert (jetzt Art. 2 i.V.m. Art. 3 I lit. c EGV). Auch der Binnenmarktkonzeption[21] liegen im Großen und Ganzen zwei Wesensmerkmale zu Grunde: einerseits die Gewährleistung der Grundfreiheiten, mithin der freie Verkehr von Waren, Personen, Dienstleistungen und Kapital zwischen den Mitgliedstaaten (jetzt Art. 14 II EGV)[22], und andererseits die Verwirklichung des Ideals der Wettbewerbsneutralität in diesem europäischen Binnenmarkt (jetzt Art. 3 I lit. g i.V.m. Art. 4 I EGV)[23]. Zur Realisierung dieser Binnenmarkkonzeption sollen im gesamten Wirtschaftsraum nahezu gleiche wirtschaftliche Rahmenbedingungen geschaffen werden, zu denen auch die von einem Staat in seinem Hoheitsgebiet erhobenen Steuern gehören, sodass sich demnach ein konkretes Bedürfnis zur Steuerharmonisierung ergibt[24]. Durch die Bezugnahme in Art. 93 EGV wird die Harmonisierung der indirekten Steuern unmittelbar mit der Errichtung des Binnenmarktes in Zusammenhang gesetzt, sodass es primäres Ziel der Harmonisierung sein muss, die steuerlichen Voraussetzungen für die Verwirklichung der *Grundfreiheiten* und eines *wettbewerbsneutralen Systems* zu schaffen[25].

2. Harmonisierung der Umsatzsteuer

Speziell für die Mehrwertsteuer entfaltet die verpflichtende Verwirklichung des Binnenmarkts und der damit einhergehende Abbau steuerlicher Schranken[26] insofern Relevanz, als dies insbesondere ein Mehrwertsteuersystem ohne steuerliche Hindernisse für den

---

[18] Vgl. *Kahl*, in: Callies/Ruffert, EUV/EGV, Art. 14, Rn. 2.

[19] Vgl. *Kahl*, in: Callies/Ruffert, EUV/EGV, Art. 14, Rn. 2; bezüglich der Abschaffung der steuerlichen Schranken vgl. *Reiß*, in: Tipke/Lang, Steuerrecht, § 14, Rn. 99.

[20] Einheitliche Europäische Akte v. 28.2.1986, ABl. 1987 L 169/1.

[21] Auf die kontroverse Diskussion zu den Unterschieden oder Gemeinsamkeiten eines Gemeinsamen Marktes respektive Binnenmarktes sei nicht eingegangen. Vgl. dazu *Englisch*, Wettbewerbsgleichheit im grenzüberschreitenden Handel, 244 – und dort Fn. 148; *Kahl*, in: Callies/Ruffert, EUV/EGV, Art. 14, Rn. 5 ff.; *Reiß*, in: Tipke/Lang, Steuerrecht, § 14, Rn. 99.

[22] Vgl. *Englisch*, Wettbewerbsgleichheit im grenzüberschreitenden Handel, 244.

[23] Vgl. *Englisch*, Wettbewerbsgleichheit im grenzüberschreitenden Handel, 246.

[24] Vgl. *Lüdemann*, BB 1992, 1606.

[25] Vgl. *Voß*, in: Grabitz/Hilf, Recht der EU, Art. 93 EGV, Rn. 1.

[26] Vgl. *Kahl*, in: Callies/Ruffert, EUV/EGV, Art. 14, Rn. 23.

grenzüberschreitenden Verkehr erfordert[27]. Die Mehrwertsteuer ist eine sog. indirekte Steuer, weil Steuerschuldner und Steuerdestinatar auseinander fallen[28]. Steuerschuldner der Mehrwertsteuer ist der Unternehmer, der die Steuerlast allerdings über den Preis grundsätzlich auf den Endverbraucher (Steuerdestinatar) abwälzt. Aus dieser sich dadurch ergebende Preiswirksamkeit der Mehrwertsteuer könnten sich erhebliche Einschränkung der Waren- und Dienstleistungsfreiheit[29] ergeben, da die Gefahr besteht, dass Mitgliedstaaten die durch die Einführung des Binnenmarktkonzepts verbotenen Importzölle und Exportsubventionen durch entsprechende umsatzsteuerliche Gestaltungen ersetzen[30]. Eine Abschaffung dieser grenzüberschreitenden Steuerhindernisse und die Verwirklichung eines echten Binnenmarktes kann daher nur mithilfe der Harmonisierung der indirekten Steuern erreicht werden. Da unter Harmonisierung grundsätzlich Rechtsangleichung und keinesfalls Rechtsvereinheitlichung zu verstehen ist[31], soll dadurch nicht ein einheitliches europäisches Steuerrecht hergestellt, sondern die Sicherung der Freiheiten des EG-Vertrags unter der Bedingung zwischenstaatlicher Wettbewerbsgleichheit gewährleistet werden[32]. Legitimiert wird die Harmonisierung der Umsatzsteuer durch Art. 93 EGV (früher Art. 99 EWGV), soweit diese für Errichtung und das Funktionieren des Binnenmarkts erforderlich ist[33]. Die materielle Rechtfertigung und mithin der Umfang der Harmonisierung müssen sich aus der Behinderung des grenzüberschreitenden Verkehrs ergeben, also entweder aus der Beeinträchtigung der gemeinschaftlichen Grundfreiheiten durch die Grenzkontrollen bedingenden indirekten Steuern, oder aus der durch sie bewirkten Beeinträchtigung unverfälschten Wettbewerbs[34].

a) Die 1. und 2. EG-Richtlinie

Die Harmonisierung der Umsatzsteuer war bei Verabschiedung der Einheitlichen Europäischen Akte im Jahre 1987 schon recht weit fortgeschritten, da bereits am 11.4.1967 die 1. und 2. Richtlinie[35] zur Harmonisierung der Umsatzsteuer verabschiedet wurde (1. bzw.

[27] Vgl. *Tumpel*, Mehrwertsteuer im innergemeinschaftlichen Warenverkehr, 32; *Klezath*, UR 1992, 61.
[28] Vgl. *Englisch*, Wettbewerbsgleichheit im grenzüberschreitenden Handel, 624.
[29] Vgl. *Wernsmann*, in: Schulze/Zuleeg, Europarecht, § 30, Rn. 13.
[30] Vgl. *Terra/Wattel*, European Tax Law, 6 f.
[31] Vgl. *Wernsmann*, in: Schulze/Zuleeg, Europarecht, § 30, Rn. 17.
[32] Vgl. *Reiß*, in: Tipke/Lang, Steuerrecht, § 14, Rn. 99.
[33] Vgl. *Reiß*, in: Tipke/Lang, Steuerrecht, § 14, Rn. 99; *Lüdemann*, BB 1992, 1606; *Klezath*, UR 1992, 61.
[34] Vgl. *Lüdemann*, BB 1992, 1606.
[35] Erste Richtlinie des Rates v. 11. April 1967 zur Harmonisierung der Rechtsvorschriften der Mitgliedstaaten über die Umsatzsteuern (67/227/EWG) ABl. 1967 L 71/1301; Zweite Richtlinie des Rates v. 11. April 1967 zur Harmonisierung der Rechtsvorschriften der Mitgliedstaaten über die Umsatzsteuern – Struktur und Anwendungsmodalitäten des gemeinsamen Mehrwertsteuersystems (67/228/EWG) ABl. 1967 L 71/1301.

2. EG-Richtlinie). Zwar stand hierbei zur Herstellung eines Gemeinsamen Marktes i.S.d. Art. 2 EWG zunächst die Einführung eines einheitlichen Umsatzsteuersystems (Nettoallphasenumsatzsteuer mit Vorsteuerabzug) in allen EWG-Mitgliedstaaten im Vordergrund[36], doch wurde schon mit Einführung dieser Richtlinien – neben der Vermeidung von Wettbewerbsverzerrungen – beabsichtigt, langfristig die Steuergrenzen zwischen den Mitgliedsstaaten und damit den umsatzsteuerlichen Grenzausgleich bei der Einfuhr bzw. Ausfuhr von Gegenständen zu beseitigen[37]. Es sollte somit das bestehende Bestimmungslandprinzip auf längere Sicht durch das Ursprungslandprinzip ersetzt werden[38]. Dabei stellt sich die Frage, welches Prinzip der Ausgestaltung der Mehrwertsteuer als (indirekte) Verbrauchsteuer eher gerecht wird, wonach die Mehrwertsteuer im Grundsatz dem Mitgliedstaat zukommen soll, in dem der Endverbrauch stattfindet[39].

b) Begriffsbestimmung

aa) Bestimmungslandprinzip

Die Durchführung des Bestimmungslandprinzips erfolgt durch ein steuerliches Grenzausgleichsverfahren[40]. Dabei werden einerseits die Güter beim Export steuerlich entlastet, wobei die Entlastung genau den im Ursprungsland gezahlten (indirekten) Steuern entspricht[41], oder es findet von vornherein keine Besteuerung statt[42]. Damit korrespondierend werden andererseits die Güter beim Import besteuert, sodass eine Besteuerung lediglich im Bestimmungsstaat nach dessen nationalem Steuerrecht durchgeführt wird. Von der Importbesteuerung wird der Unternehmer zugleich durch den Vorsteuerabzug entlastet. Eine endgültige, tatsächliche Besteuerung findet erst mit dem Umsatz an den Endverbraucher statt[43]. Der Charakter der Mehrwertsteuer als indirekte Verbrauchsteuer wird demnach durch das Bestimmungslandprinzip gewahrt[44]. Als Synonym für das Bestimmungslandprinzip wird daher auch der Begriff des *Verbrauchslandprinzips* verwendet[45]. Letztlich können steuerlich bedingte Wettbewerbsverzerrungen auch dann nicht auftreten, wenn in

---

[36] Vgl. *Terra/Wattel*, European Tax Law, 117 f.

[37] Vgl. Begründungserwägung 3 zur 1. EG-Richtlinie, abgedruckt in *Terra/Kajus*, European VAT Directives, Vol. 2, S. xv f.; *Klezath*, UR 1992, 62.

[38] Vgl. *Tumpel*, Mehrwertsteuer im innergemeinschaftlichen Warenverkehr, 118; einschränkend *Reiß*, in: Tipke/Lang, Steuerrecht, § 14, Rn. 106.

[39] Vgl. EuGH, Urt. v. 27.9.2007, Rs. C-184/05, *Twoh International*, a.a.O., Rn. 22.

[40] Vgl. *Mick*, in: Birk, EG-Steuerrecht, § 25, Rn. 4.

[41] Vgl. *Mick*, in: Birk, EG-Steuerrecht, § 25, Rn. 4.

[42] Vgl. *Reiß*, in: Tipke/Lang, Steuerrecht, § 14, Rn. 101.

[43] Vgl. *Reiß*, in: Tipke/Lang, Steuerrecht, § 14, Rn. 111.

[44] Vgl. *Reiß*, in: Tipke/Lang, Steuerrecht, § 14, Rn. 101; *Mick*, in: Birk, EG-Steuerrecht, § 25, Rn. 5.

[45] Vgl. *Langer*, Reformüberlegungen zur Umsatzsteuer, 246.

den beteiligten Ländern unterschiedliche Steuersätze erhoben werden[46], da die leistenden Unternehmer auf dem relevanten Markt des Bestimmungslandes gleich besteuert werden[47]. So wird durch dieses Ausgleichsverfahren im Idealfall *Wettbewerbsneutralität* erreicht[48] und eine Doppelbesteuerung vermieden[49] sowie den Diskriminierungsverboten der Art. 90 ff. EGV Rechnung getragen[50]. Für die Durchführung des Bestimmungslandprinzips, also der korrekten steuerlichen Entlastung der Ausfuhr und Belastung der Einfuhr, bedarf es eines besonderen Kontrollverfahrens für den grenzüberschreitenden Warenverkehr. Dieses kann entweder an den Staatsgrenzen durch Grenzkontrollen oder erst in den beteiligten Unternehmen erfolgen[51]. Mithin spricht man von sog. *Steuergrenzen*, welche gerade dem beabsichtigten Binnenmarktkonzept entgegen stehen[52], da sie aufgrund des Verwaltungs- und Kostenaufwands den freien Warenverkehr erheblich behindern[53].

bb) Ursprungslandprinzip

Gemäß dem Ursprungslandprinzip findet eine Besteuerung ausschließlich in dem Land statt, in welchem der Gegenstand seinen Ursprung nimmt[54]. Für die Besteuerung hat es demnach keine Bedeutung, ob der Gegenstand im Inland oder Ausland verbraucht wird. Auf den Import wird demzufolge keine Steuer erhoben, sodass ein *Grenzausgleich* und damit Grenzkontrollen überflüssig werden[55]. Damit scheint das Ursprungslandprinzip eher der Binnenmarktkonzeption zu entsprechen als das Bestimmungslandprinzip. Allerdings kann eine, wie oben beschrieben, ebenfalls geforderte *Wettbewerbsneutralität* zwischen den Mitgliedstaaten mit dem Ursprungsland nur einher gehen, wenn eine vollständige Harmonisierung der umsatzsteuerlichen Rechtsvorschriften und Umsatzsteuersätze innerhalb der Europäischen Gemeinschaft vorliegt. Andernfalls führt dies zu erheblichen Wettbewerbsverzerrungen[56], da diejenigen Unternehmer gegenüber den Unternehmern im Bestimmungsland einen Wettbewerbsvorteil hätten, die aus einem Ursprungsland mit niedrigerem Umsatzsteuerniveau liefern[57]. Zudem besteht die Gefahr einer mehrfachen Erfas-

[46] Vgl. *Mick*, in: Birk, EG-Steuerrecht, § 25, Rn. 4.
[47] Vgl. *Reiß*, in: Tipke/Lang, Steuerrecht, § 14, Rn. 101.
[48] Vgl. *Terra/Wattel*, European Tax Law, 7.
[49] Vgl. *Mick*, in: Birk, EG-Steuerrecht, § 25, Rn. 3.
[50] Vgl. *Schwarz*, in: P/M/W, UStG, § 6a, Rn. 2; Tumpel, Mehrwertsteuer im innergemeinschaftlichen Warenverkehr, 171.
[51] Vgl. *Mick*, in: Birk, EG-Steuerrecht, § 25, Rn. 15.
[52] Vgl. *Waldhoff*, in: Callies/Ruffert, EUV/EGV, Art. 93, Rn. 10.
[53] Vgl. *Mick*, in: Birk, EG-Steuerrecht, § 25, Rn. 17.
[54] Vgl. *Mick*, in: Birk, EG-Steuerrecht, § 25, Rn. 18.
[55] Vgl. *Tumpel*, Mehrwertsteuer im innergemeinschaftlichen Warenverkehr, 170.
[56] Vgl. *Beck*, UR 1962, 26; *Reiß*, in: Tipke/Lang, Steuerrecht, § 14, Rn. 102.
[57] Vgl. *Reiß*, in: Tipke/Lang, Steuerrecht, § 14, Rn. 102.

sung bereits versteuerter Wertschöpfungen[58]. Ferner widerspricht das Ursprungslandprinzip der Konzeption der Umsatzsteuer als indirekte Verbrauchsteuer. Es kommt gerade zu keiner Besteuerung im Land des Verbrauches. Um das Verbrauchsteuerkonzept zu wahren[59], werden demnach Korrekturen bei der Steuerertragsaufteilung zwischen den an dem grenzüberschreitenden Warenfluss beteiligten Staaten notwendig[60]. Zu den diversen Möglichkeiten einer solchen Aufkommensverteilung zwischen den beteiligten Staaten sei auf die einschlägige Literatur verwiesen[61].

c) Die 6. EG-Richtlinie

aa) Steuerrechtliche Maßnahmen

Nachdem in allen Mitgliedstaaten ein einheitliches Mehrwertsteuersystem eingeführt worden war, wurde mit Verabschiedung der 6. EG-Richtlinie[62] zum 17.5.1977 zur weiteren Harmonisierung der Umsatzsteuer zunächst die Schaffung einer einheitlichen Bemessungsgrundlage in den Vordergrund gestellt. Dies war für eine gerechte Erhebung des Mehrwertsteueranteils der EWG und Verteilung der diesbezüglichen Steuerlasten der einzelnen Mitgliedstaaten notwendig geworden[63]. Des Weiteren zielte die Richtlinie aber auch darauf ab, weitere Beschränkungen der Grundfreiheiten zu eliminieren[64] und die „Besteuerung der Einfuhr und die steuerliche Belastung der Ausfuhr im Handelsverkehr zwischen den Mitgliedstaaten zu beseitigen und zugleich die Neutralität des gemeinsamen Mehrwertsteuersystems in Bezug auf den Ursprung der Gegenstände [...] zu wahren“, um schließlich einen echten *Binnenmarkt* zu verwirklichen[65]. Das Ziel der *Wettbewerbsneutralität* schienen die Kommission und der Rat durch die Einführung des gemeinsamen Mehrwertsteuersystems als verwirklicht angesehen zu haben[66]. Die 6. EG-Richtlinie sah zunächst keine Differenzierungen bezüglich der Besteuerung des zwischenstaatlichen Wa-

---

[58] Vgl. *Mick*, in: Birk, EG-Steuerrecht, § 25, Rn. 19.
[59] Vgl. *Mick*, in: Birk, EG-Steuerrecht, § 25, Rn. 20.
[60] Vgl. *Waldhoff*, in: Callies/Ruffert, EUV/EGV, Art. 93, Rn. 12; *Klezath*, UR 1992, 62.
[61] Vgl. dazu bspw. *Mick*, in: Birk, EG-Steuerrecht, § 25, Rn. 21 ff.; *Terra/Wattel*, European Tax Law, 131 f.; *Langer*, Reformüberlegungen zur Umsatzsteuer, 249 f.; *Dziadkowski/Robisch*, BB 1994, 1605 ff.; *Dziadkowski*, UR 1993, 346; *Klezath*, UR 1992, 62.
[62] Sechste Richtlinie des Rates v. 17. Mai 1977 zur Harmonisierung der Rechtsvorschriften der Mitgliedstaaten über die Umsatzsteuern – Gemeinsames Mehrwertsteuersystem: einheitliche steuerpflichtige Bemessungsgrundlage (77/388/EWG) ABl. 1977 L 145/1 (kurz: 6. EG-Richtlinie)
[63] Vgl. *Terra/Wattel*, European Tax Law, 121 f.; *Reiß*, in: Tipke/Lang, Steuerrecht, § 14, Rn. 99; *Klezath*, UR 1992, 61.
[64] Vgl. Begründungserwägung 3 zur 6. EG-Richtlinie, abgedruckt in *Terra/Kajus*, European VAT Directives, Vol. 2, S. xvi f.
[65] Vgl. *Tumpel*, Mehrwertsteuer im innergemeinschaftlichen Warenverkehr, 120; *Terra/Kajus*, European VAT Directives, Vol. 1, 330.
[66] Vgl. die Rede des Mitglieds der EWG-Kommission *von der Groeben*, wiedergegeben in UR 1970, 93.

renverkehrs innerhalb und außerhalb der Gemeinschaft vor. Man orientierte sich weiter grundsätzlich am Bestimmungslandprinzip, doch sollte die Abschaffung des Grenzausgleichs und damit die Beseitigung der Steuerbinnengrenzen forciert werden[67]. Ein fester Zeitpunkt für den Übergang auf das Ursprungslandprinzip war allerdings nicht vorgesehen.

In letzter Konsequenz wurde die Abschaffung der steuerlichen Grenzkontrollen, die unvereinbar mit der Binnenmarktkonzeption sind[68], durch das bereits oben erwähnte Weißbuch zur Vollendung des Binnenmarktes[69], sich daran anschließende Kommissionsvorschläge und Leitlinien des Rates vorangetrieben[70]. Demnach sollen Umsätze mit in anderen Mitgliedstaaten ansässigen Steuerpflichtigen im Bestimmungsland mit dessen Steuersatz und unter dessen Bedingungen steuerlich belastet werden[71]. Ferner sollen die Grenzformalitäten entfallen, jedoch für Unternehmen die Verpflichtung bestehen, die innergemeinschaftlichen Handelsgeschäfte nachträglich zu melden[72]. Zudem sollen durch verstärkte Zusammenarbeit und einen erweiterten Informationsaustausch zwischen den Mitgliedstaaten die verwaltungsmäßige Bearbeitung sowie die Kontrolle der Geschäftsvorgänge gewährleistet werden[73]. Zwar konnte ein Übergang zum Ursprungslandprinzip aufgrund großer Widerstände der Mitgliedstaaten, die Schwierigkeiten bei der Umsetzung prognostizierten[74], nicht durchgesetzt werden[75], doch bleibt mittelfristig der Übergang zu einem einheitlichen System der Besteuerung im Ursprungsland das Ziel der Harmonisierung. Für einen begrenzten Zeitraum sollte allerdings zu einem reibungslosen Funktionieren der Mehrwertsteuerregelung weiterhin das Bestimmungslandprinzip gelten und bis spätestens 31.12.1996 eine allgemeine Überprüfung durchgeführt werden, um festzustellen, bis wann und wie die endgültige Vereinheitlichung des gemeinsamen Mehrwertsteuersystems erfolgen könnte[76]. Am 16.12.1991 wurde die sog. Binnenmarktrichtlinie[77] endgültig zur Errich-

---

[67] Vgl. *Tumpel*, Mehrwertsteuer im innergemeinschaftlichen Warenverkehr, 121; *Terra/Kajus*, European VAT Directives, Vol. 1, 330.

[68] Vgl. dazu ausführlich *Reiß*, in: Tipke/Lang, Steuerrecht, § 14, Rn. 105.

[69] Siehe unter A. I. 1.

[70] Vgl. *Tumpel*, Mehrwertsteuer im innergemeinschaftlichen Warenverkehr, 122 ff.; *Klezath*, UR 1992, 62.

[71] Vgl. *Tumpel*, Mehrwertsteuer im innergemeinschaftlichen Warenverkehr, 127.

[72] Vgl. *Tumpel*, Mehrwertsteuer im innergemeinschaftlichen Warenverkehr, 127.

[73] Vgl. *Tumpel*, Mehrwertsteuer im innergemeinschaftlichen Warenverkehr, 127.

[74] Problematisch stellte sich insbesondere die notwendige Vereinbarung eines Ausgleichsmechanismusses und die Angleichung der Steuersätze dar; vgl. *Langer*, Reformüberlegungen zur Umsatzsteuer, 249.

[75] Vgl. *Kuttin, Michael/Berger, Wolfgang*, Das Mehrwertsteuerpaket, 250; *Dziadkowski*, UR 1993, 347; *Widmann*, UR 1992, 250. Im Übrigen hat sich das Bestimmungslandprinzip ohnehin international durchgesetzt; vgl. *Reiß*, in: Tipke/Lang, Steuerrecht, § 14, Rn. 101.

[76] Vgl. *Tumpel*, Mehrwertsteuer im innergemeinschaftlichen Warenverkehr, 128.

[77] Richtlinie des Rates zur Ergänzung des gemeinsamen Mehrwertsteuersystems und zur Änderung der Richtlinie 77/388/EWG im Hinblick auf die Beseitigung der Steuergrenzen (91/680/EWG) ABl. 1991 L 376/1.

tung des Binnenmarktes in steuerlicher Hinsicht verabschiedet und die 6. EG-Richtlinie unter Verwirklichung u.a. nachfolgender Ziele[78] ergänzt:

- Endgültige Abschaffung der Kontrollen an den Binnengrenzen zu steuerlichen Zwecken für alle Umsätze zwischen Mitgliedstaaten ab dem 1.1.1993;
- Abschaffung der Einfuhrbesteuerung und der Steuerbefreiung auf Ausfuhren für den Handel zwischen den Mitgliedstaaten;
- Beschränkung der Besteuerung bei der Einfuhr und die Steuerbefreiung bei der Ausfuhr auf die Umsätze mit Drittlandsgebieten;
- Besteuerung der innergemeinschaftlichen Umsätze von Steuerpflichtigen in den Bestimmungsmitgliedstaaten zu den Sätzen und Bedingungen dieser Mitgliedstaaten.

Dazu wurde die 6. EG-Richtlinie nicht neu gefasst, sondern lediglich ein eigener Abschnitt gleichsam als Anhang zu den allgemeinen Regelungen der 6. EG-Richtlinie eingefügt. Durch den Verzicht einer Neufassung der 6. EG-Richtlinie sollte der bis zum 31.12.1996 geltende Übergangsstatus des hinzugefügten Bestimmungslandprinzips verdeutlicht werden[79]. Da allerdings schon zum damaligen Zeitpunkt offensichtlich war, dass eine Abkehr vom Bestimmungslandprinzip bis zum Jahre 1997 unwahrscheinlich ist, verlängert sich automatisch diese Übergangsregelung bis zum Zeitpunkt des Inkrafttretens der endgültigen (Ursprungslandprinzip-)Regelung (und besteht bis heute fort)[80]. Zur endgültigen Abschaffung der Grenzkontrollen zwischen den EG-Mitgliedstaaten im Bereich der Umsatz- und Verbrauchsteuern kam es zum 31.12.1992[81]. Ab dem 1.1.1993 entfielen somit die steuerlichen Grenzkontrollen an den innergemeinschaftlichen Grenzen. Demzufolge dürfen seither Unternehmer Lieferungen in andere EU-Mitgliedstaaten durchführen, ohne dass die Waren an der Grenze physisch kontrolliert werden dürfen[82]. Der Hinweis sei erlaubt, dass von der Abschaffung dieser steuerlichen Grenzkontrollen, die Abschaffung der Kontrollen des Personenverkehrs (grenzpolizeiliche Kontrollen, Kontrollen des Gepäcks und sonstige Sicherheitskontrollen an den innergemeinschaftlichen Grenzen bzw. im innergemeinschaft-

[78] Vgl. Begründungserwägungen zur Binnenmarktrichtlinie, abgedruckt in *Terra/Kajus*, European VAT Directives, Vol. 2, S. xxiii ff.
[79] Vgl. *Tumpel*, Mehrwertsteuer im innergemeinschaftlichen Warenverkehr, 132.
[80] Vgl. mittlerweile Art. 402 MwStSystRL.
[81] Vgl. *Kahl*, in: Callies/Ruffert, EUV/EGV, Art. 14, Rn. 23.
[82] Vgl. *Kraeusel*, UR 2005, 187.

lichen Flug- und Seeverkehr) abzugrenzen ist. Diese wurden durch die sog. *Schengener Abkommen* ab dem 26.3.1995 (mit dem Sommerfahrplan der Fluggesellschaften) nach und nach zwischen den einzelnen EU-Mitgliedstaaten beseitigt[83].

Durch die Änderung der 6. EG-Richtlinie ergaben sich zunächst terminologische Veränderungen. Die Begriffe „Einfuhr" und „Ausfuhr" wurden bzgl. innergemeinschaftlicher Warentransaktionen ersetzt durch die Begriffe „innergemeinschaftlicher Erwerb" bzw. „innergemeinschaftliche Lieferung"[84]. Hinsichtlich Transaktionen mit nicht EU-Staaten, sog. Drittländern, blieb es bei den bekannten Begriffen[85].

Rein systematisch kam es im Vergleich zu den bis 31.12.1992 bestehenden Regelungen kaum zu Veränderungen: es bleibt im Grundsatz bei der Steuerbefreiung im Ursprungsland mit grundsätzlichem Vorsteuerabzugsrecht und der Besteuerung im Bestimmungsland[86]. Allerdings ergibt sich für die Steuerbefreiung von innergemeinschaftlichen Lieferungen ein engerer Anwendungsbereich im Vergleich zu Ausfuhren in ein Drittland. Die Versendung oder Beförderung eines Gegenstandes in ein Drittland ist stets von der Umsatzsteuer befreit, wohingegen innergemeinschaftliche Lieferungen nur von der Besteuerung ausgenommen werden, wenn der Erwerber Steuerpflichtiger ist[87] und der innergemeinschaftliche Erwerb der Mehrwertsteuer im anderen Mitgliedstaat unterliegt. Die Aufrechterhaltung des Bestimmungslandprinzips wurde demnach mit Hilfe korrespondierender Tatbestandsmerkmale[88], einerseits der innergemeinschaftlichen Lieferung und andererseits des innergemeinschaftlichen Erwerbs, verwirklicht. Zwar näherte man sich durch die Beseitigung der steuerlichen Grenzkontrollen dem im EG-Vertrag normierten Ziel der Schaffung eines Binnenmarkts unter Berücksichtigung der Grundfreiheiten[89] an, doch war eine *echte* Binnenmarktlösung nach wie vor nicht gegeben, da die Besteuerung innergemeinschaftlicher Lieferungen nicht der Besteuerung von Inlandslieferungen entspricht[90]. Ohnehin ist eine vollkommene Abschaffung der Steuergrenzen zwischen den Mitgliedstaaten ausgeschlos-

[83] Vgl. hierzu ausführlich *Kugelmann*, in: Schulze/Zuleeg, Europarecht, § 41, Rn. 22 ff.
[84] Vgl. *Terra/Wattel*, European Tax Law, 236; *Terra/Kajus*, European VAT Directives, Vol. 1, 333.
[85] Vgl. *Schwarz*, in: P/M/W, UStG, § 6a, Rn. 13.
[86] An dieser Stelle sei noch mal auf die Ausführungen in der Einleitung verwiesen, wonach im Rahmen der vorliegenden Untersuchung lediglich der Standardfall der innergemeinschaftlichen Lieferung zwischen (grundsätzlich)Unternehmern behandelt wird.
[87] Vgl. *Tumpel*, Mehrwertsteuer im innergemeinschaftlichen Warenverkehr, 352.
[88] Vgl. *Birkenfeld*, USt-Handbuch, § 272, Rn. 741.
[89] Vgl. *Langer*, Reformüberlegungen zur Umsatzsteuer, 245.
[90] Vgl. *Lüdemann*, BB 1992, 1608; *Voß*, in: Grabitz/Hilf, Recht der EU, Art. 93, Rn. 24; *Henze*, EU-UStB 2007, 89; *Winter*, UR 2007, 885.

sen, solange die Steuerhoheit bei den Mitgliedstaaten verbleibt[91]. Ganz im Gegenteil kann man davon sprechen, dass im unternehmerischen Bereich nach wie vor Grenzen verblieben sind. Die physischen Kontrollen an den innergemeinschaftlichen Grenzen sind zwar weggefallen, doch wurde der zur Aufrechterhaltung des Bestimmungslandprinzips notwendige Grenzausgleich in das normale Besteuerungsverfahren einbezogen[92].

bb) Administrative Verpflichtungen

Durch die Einführung der Übergangsregelung kam es daher auch aus administrativer Sicht zu erheblichen Veränderungen. Darauf sei an dieser Stelle hingewiesen, aber aus systematischen Gründen folgen die diesbezüglichen Erläuterungen im Verlauf dieses Teils A.

d) Mehrwertsteuersystemrichtlinie

Aufgrund zahlreicher Änderungen der 6. EG-Richtlinie und damit einhergehender zunehmender Unübersichtlichkeit der Vorschrift[93], wurde es notwendig, die Bestimmung neu zu fassen[94]. Dementsprechend wurden die 1. und 6. EG-Richtlinie zum 1.1.2007 in die Mehrwertsteuersystemrichtlinie[95] (MwStSystRL) transformiert und durch diese ersetzt[96]. Rechtliche Änderungen gingen mit dieser Transformation nicht einher, sodass die Normen hinsichtlich der innergemeinschaftlichen Warenbewegungen inhaltsgleich in die MwStSystRL übernommen wurden[97]. Im Schrifttum wird größtenteils die Auffassung vertreten, dass die Übergangsregelung mit der Aufrechterhaltung des Bestimmungslandprinzips mittlerweile zu einer endgültigen geworden sei[98], obwohl auch in der MwStSystRL weiterhin explizit von einer Übergangsregelung gesprochen wird[99]. Wenn man allerdings erst recht die neuesten Änderungen der MwStSystRL durch das sog. *VAT Package*[100] beachtet, wonach

---

[91] Vgl. *Reiß*, in: Tipke/Lang, Steuerrecht, § 14, Rn. 99.

[92] Vgl. *Langer*, Reformüberlegungen zur Umsatzsteuer, 245; *Terra/Wattel*, European Tax Law, 236; *Nieskens*, BB 1992, Beilage 17, 2; *Schwarz*, in: P/M/W, UStG, § 6a, Rn. 18.

[93] Die 6. EG-Richtlinie wurde im Verlaufe ihrer Existenz sage und schreibe mehr als 25 Mal geändert oder ergänzt; *Terra/Kajus*, European VAT Directives, Vol. 1, 333.

[94] Vgl. Begründungserwägung 1 zur MwStSystRL.

[95] Richtlinie des Rates v. 28.11.2006 über das gemeinsame Mehrwertsteuersystem (2006/112/EG) ABl. L 347/1.

[96] Vgl. *Terra/Kajus*, European VAT Directives, Vol. 1, 334.

[97] Vgl. *Scholz*, EU-UStB 2007, 71.

[98] Vgl. bspw. *Leonard*, in: Bunjes/Geist, UStG, § 6a, Rn. 2; *Kuttin/Berger*, Das Mehrwertsteuerpaket, 250; *Langer*, Reformüberlegungen zur Umsatzsteuer, 248 f.; *Spilker /Chrzan*, UR 2007, 207; *Schwarz*, in: P/M/W, UStG, § 6a, Rn. 19b; *Birkenfeld*, USt-Handbuch, § 270, Rn. 472; auch schon *Dziadkowski*, UR 1993, 346; *Rokos*, UR 1992, 91.

[99] Vgl. Überschrift zu den Art. 402 ff. MwStSystRL und Begründungserwägungen 9 und 10 zur MwStSystRL.

[100] Richtlinie des Rates v. 12.2.2008 zur Änderung der Richtlinie 2006/112/EG bezüglich des Ortes der Dienstleistung (2008/8/EG) ABl. L 44/11.

nunmehr auch für innergemeinschaftliche Dienstleistungen mehr und mehr dazu übergegangen wird, das Ursprungslandprinzip durch das Bestimmungslandprinzip zu ersetzen[101], scheint doch äußerst zweifelhaft zu sein, ob man weiterhin von einer Übergangsregelung hinsichtlich innergemeinschaftlicher Warentransaktionen sprechen kann. Es zeichnet sich insgesamt doch deutlich ab, dass die Besteuerung generell im Bestimmungsland, mithin im Mitgliedstaat des Verbrauchs, erfolgen und damit eine Abkehr vom Ursprungslandprinzip einher gehen soll.

3. Tatbestand der innergemeinschaftlichen Lieferung gemäß der Mehrwertsteuersystemrichtlinie und der EuGH-Rechtsprechung

Gemäß Art. 2 I lit. a MwStSystRL unterliegen der Mehrwertsteuer die Lieferungen von Gegenständen, die ein Steuerpflichtiger als solcher im Gebiet eines Mitgliedstaats gegen Entgelt tätigt. Als Lieferung von Gegenständen gilt gemäß Art. 14 MwStSystRL die Übertragung der Befähigung, wie ein Eigentümer über einen körperlichen Gegenstand zu verfügen. Die Lieferung von Gegenständen, die in andere Mitgliedstaaten an dortige Steuerpflichtige versandt oder befördert werden, ist von der Umsatzsteuer befreit (Art. 138 I MwStSystRL)[102]. Die Steuerbefreiung tritt allerdings erst ein, wenn das Recht, wie ein Eigentümer über den Gegenstand zu verfügen, auf den Erwerber übertragen worden ist und der Lieferant nachweist, dass der Gegenstand in einen anderen Mitgliedstaat versandt oder befördert worden ist und aufgrund dieses Versands oder der Beförderung den Liefermitgliedstaat physisch verlassen hat[103]. Um das Bestimmungslandprinzip zu garantieren[104], wird in Art. 2 I lit. b MwStSystRL, korrespondierend zu den Tatbestandsmerkmalen der innergemeinschaftlichen Lieferung, der innergemeinschaftliche Erwerb geregelt. Es muss zwingend mit einer innergemeinschaftlichen Lieferung ein innergemeinschaftlicher Erwerb einher gehen[105]. Allerdings ist es nicht erforderlich, dass der innergemeinschaftliche Erwerb in einem anderen Mitgliedstaat tatsächlich besteuert worden ist[106]. Hinsichtlich der Bestimmung des Leistungsortes und -zeitpunktes gelten auch für innergemeinschaftliche Lieferungen die allgemeinen Regelungen (Art. 31 ff. und Art. 62 ff. MwStSystRL), wo-

---

[101] Vgl. dazu auch die Begründungserwägungen 3 und 4 zur Änderung der MwStSystRL bezüglich des Ortes der Dienstleistung.

[102] Zu den weiteren Tatbeständen einer innergemeinschaftlichen Lieferung siehe Hinweis in der Einleitung.

[103] EuGH, Urt. v. 27.9.2007, Rs. C-409/04, *Teleos*, a.a.O., Rn. 26.

[104] Vgl. *Terra/Wattel*, European Tax Law, 264.

[105] EuGH-Urteil v. 6.4.2006, Rs. 245/04, *EMAG Handel Eder OHG*, Slg. 2006, I-3227=DStR 2006, 699, Rn. 29.

[106] EuGH, Urt. v. 27.9.2007, Rs. C-409/04, *Teleos*, a.a.O., Rn. 69 ff.; *Weymüller*, in: S/R, Umsatzsteuer, § 6a, Rn. 51.

hingegen der Anspruch auf Befreiung frühestens entsteht, wenn das grenzüberschreitende Verbringen erfolgt ist[107].

Zur Gewährleistung einer korrekten und einfachen Anwendung der Steuerbefreiung von innergemeinschaftlichen Lieferungen und zur Verhinderung von Steuerhinterziehung, Steuerumgehung oder Missbrauch, ist die Steuerbefreiung gemäß Art. 131 MwStSystRL unbeschadet sonstiger Gemeinschaftsvorschriften und unter den Bedingungen anzuwenden, die die einzelnen Mitgliedstaaten festlegen. Dieser recht einfach anmutende Art. 131 MwStSystRL wird noch mehrfach im Verlauf dieser vorliegenden Untersuchung anzusprechen und in den Mittelpunkt zu rücken sein. Trotz der Steuerbefreiung steht den liefernden Steuerpflichtigen nach Art. 169 lit. b i.V.m. 167 f. MwStSystRL der Vorsteuerabzug aus den an sie bewirkten Umsätzen zu. Es handelt sich mithin um eine sog. echte Steuerbefreiung[108].

Zusammenfassend werden also zur Inanspruchnahme der Steuerbefreiung der innergemeinschaftlichen Lieferungen im Wesentlichen folgende Merkmale vorausgesetzt:

- Lieferung an einen anderen Steuerpflichtigen;
- der als solcher in einem anderen Mitgliedstaat handelt[109];
- Versendung oder Beförderung des gelieferten Gegenstandes durch den Verkäufer, Erwerber oder für ihre Rechnung in einen anderen Mitgliedstaat;
- Grundsätzliche Erwerbsbesteuerung im Bestimmungsmitgliedstaat.

4. Umsetzung der Binnenmarktkonzeption in das deutsche Umsatzsteuergesetz

In das deutsche Umsatzsteuergesetz wurden die Regelungen zum innergemeinschaftlichen Warenverkehr durch das sog. Binnenmarktgesetz[110] mit Wirkung zum 1.1.1993 umgesetzt[111] und als zusätzlicher steuerbarer Tatbestand der innergemeinschaftliche Erwerb in § 1 I Nr. 5 UStG eingeführt. Lieferungen, die ein Unternehmer im Inland gegen Entgelt im

---

[107] Vgl. *Henze*, EU-UStB 2007, 91 m.w.N.
[108] Vgl. *Lang*, in: Weimann/Lang, Umsatzsteuer, S. 598.
[109] Wobei ergänzend darauf hinzuweisen ist, dass Abnehmer auch ein inländischer Abnehmer sein kann, wenn der Liefergegenstand in übriges Gemeinschaftsgebiet gelangt und dort grds. der Erwerbsbesteuerung unterliegt. Vgl. *Husmann*, in: R/D, UStG, § 6a, Rn. 23; *Birkenfeld*, USt-Handbuch, § 273, Rn. 818; *Bülow*, in: Vogel/Schwarz, UStG, § 6a, Rn. 17.
[110] Gesetz zur Anpassung des Umsatzsteuergesetzes und anderer Rechtsvorschriften an den EG-Binnenmarkt Umsatzsteuer-Binnenmarktgesetz v. 25.8.1992, BGBl. I 1992, 1548 = BStBl. I 1992, 552.
[111] Vgl. *Leonard*, in: Bunjes/Geist, UStG, § 6a, Rn. 1.

Rahmen seines Unternehmens ausführt, unterliegen der Umsatzsteuer (§ 1 Nr. 1 UStG). Wird der Gegenstand vom Unternehmer oder Abnehmer in das übrige Gemeinschaftsgebiet befördert, ist dieser Abnehmer ein Unternehmer, der den Gegenstand für sein Unternehmen erworben hat, und unterliegt der Erwerb im anderen Mitgliedstaat der grundsätzlichen Umsatzbesteuerung, so ist diese innergemeinschaftliche Lieferung von der Umsatzsteuer befreit (§§ 4 Nr. 1b i.V.m. 6a UStG). Die vorgenannten Voraussetzungen müssen gemäß § 6a III 1 UStG vom Unternehmer nachgewiesen werden. Wie dieser Nachweis zu erbringen ist, wird in den §§ 17a ff. UStDV näher erläutert[112]. Bevor im anschließenden Teil ausführlich auf die Nachweispflichten des Unternehmers eingegangen wird, sollen nachfolgend die weiteren Verpflichtungen und Folgen für den Unternehmer, aber auch für die Finanzverwaltung, aus der (vermeintlichen) Verwirklichung des Europäischen Binnenmarktes dargestellt werden.

II. Weitere Folgen und Verpflichtungen für die Unternehmer und die Finanzverwaltung

Damit das Bestimmungslandprinzip auch nach der Abschaffung der steuerlichen Grenzkontrollen beibehalten werden konnte, musste ab dem Jahre 1993 ein sowohl für Unternehmen als auch Verwaltung äußerst aufwändiges Kontrollverfahren eingeführt werden[113]. Damit soll auch ohne Grenzkontrollen weiterhin eine umfassende Kontrolle und Überwachung der grenzüberschreitenden Lieferungen und Leistungen gewährleistet werden.

Als primäre Notwendigkeit wurde zunächst erachtet, jedem grenzüberschreitend tätigen umsatzsteuerlichen Unternehmer ein eindeutiges und einheitliches Identifikationsmerkmal zuzuweisen[114]. Demzufolge wird seither jedem Unternehmer auf Antrag eine persönliche Umsatzsteuer-Identifikationsnummer (USt-IdNr.) ausgestellt (jetzt Art. 214 MwStSystRL/§ 27a UStG), die ihm sodann als „Umsatzsteuer-Ausweis" bei innergemeinschaftlichen Umsätzen dient. Wie im Verlauf der vorliegenden Untersuchung noch deutlich wird, hat die USt-IdNr. nicht nur Identifikationscharakter, sondern kann eine gewichtigere Wirkung entfalten[115]. Des Weiteren hat sich der Unternehmer bei innergemeinschaftlichen

---

[112] Zu den weiteren Tatbeständen einer innergemeinschaftlichen Lieferung siehe Anmerkung in der Einleitung.

[113] Vgl. *Birkenfeld*, USt-Handbuch, § 270, Rn. 473; *Langer*, Reformüberlegungen zur Umsatzsteuer, 246; *Dziadkowski/Robisch*, BB 1994, 1605; *Rokos*, UR 2002, 105 f.; *Nieskens*, BB 1992, Beilage 17, 4 spricht gar von einem System, „das in Aufwand, Komplexität, Verwirrung und Verwaltungsaufwand für die Unternehmen seinesgleichen sucht".

[114] Vgl. *Terra/Wattel*, European Tax Law, 275.

[115] Vgl. *Birkenfeld*, USt-Handbuch, § 25 Rn. 150, der der USt-IdNr. gar materiell-rechtliche Wirkung zukommen lässt; ebenso *Kraeusel*, UR 2005, 189; auch *Birkenfeld*, UR 1993, 145; *Jakob*, Umsatzsteuer,

Transaktionen über die Identität seines Abnehmers zu vergewissern. Im Rahmen einer sog. qualifizierten Abfrage[116] kann ihm dafür auf Antrag vom Bundeszentralamt für Steuern die Gültigkeit der USt-IdNr., der Name sowie die Anschrift des Abnehmers bestätigt werden (§ 18e Nr. 1 UStG)[117].

Zur Kontrolle, ob einer innergemeinschaftlichen Lieferung ein innergemeinschaftlicher Erwerb in einem anderen Mitgliedstaat gegenübersteht, müssen Unternehmer seit dem 1.1.1993 nach Ablauf jedes Quartals, in welchem sie innergemeinschaftliche Warenlieferungen ausgeführt haben[118], eine sog. Zusammenfassende Meldung (ZM) abgeben (jetzt Art. 262 bis 271 MwStSystRL/§ 18a UStG)[119] und die innergemeinschaftlichen Lieferungen in ihren Voranmeldungen und Jahreserklärungen gesondert erklären (Art. 251 MwStSystRL/§ 18b UStG). In dieser ZM sind unter Verwendung der eigenen USt-IdNr. sämtliche innergemeinschaftliche Warenbewegungen und weitere Angaben, wie bspw. USt-IdNr. der Abnehmer, zu machen, damit diese Warenbewegungen und deren steuerliche Behandlung über die Grenzen hinweg kontrolliert werden können[120]. Um einen Datenabgleich zu ermöglichen, übermitteln die jeweiligen Mitgliedstaaten die notwendigen Daten an die anderen beteiligten Mitgliedstaaten gemäß der Zusammenarbeits-Verordnung[121].

Zusätzlich zur Abgabe dieser ZM sind im innergemeinschaftlichen Warenverkehr tätige Unternehmer dazu verpflichtet, für Zwecke der Erstellung von Statistiken über den innergemeinschaftlichen Warenverkehr sog. Intrastat-Meldungen an das Statistische Bundesamt zentral zu melden[122].

Betrachtet man nun all diese zusätzlichen administrativen und bürokratischen[123] Verpflichtungen, die mit Einführung des steuerlichen Binnenmarktes einhergegangen sind, wird deutlich, inwiefern die Kritik der Unternehmer am gegenwärtigen System, deren Freude

Rn. 646 bezeichnet die USt-IdNr. als quasi-materielles Tatbestandsmerkmal; *Stadie*, Umsatzsteuerrecht, Rn. 10.29 und 13.43 zur USt-IdNr. als faktisches Tatbestandsmerkmal der innergemeinschaftlichen Lieferung; a.A. *Leonard*, in: Bunjes/Geist, UStG, § 6a, Rn. 37. – siehe dazu mehr unter B. III. 2. a).

[116] Im Rahmen einer sog. einfachen Abfrage wird dem Unternehmer lediglich die Gültigkeit der abgefragten USt-IdNr. bestätigt. Diese einfache Bestätigung verliert zunehmend ihre Bedeutung und wird demnach nicht weiter behandelt.

[117] Vgl. *Birkenfeld*, USt-Handbuch, § 220, Rn. 33.

[118] Vgl. *Birkenfeld*, USt-Handbuch, § 217, Rn. 16.

[119] Vgl. *Terra/Wattel*, European Tax Law, 277 f.; *Hässel*, UR 1993, 246; *Hemmelrath/Busch*, BB 1992, 2193.

[120] Vgl. *Nieskens*, BB 1992, Beilage 17, 2; *Hässel*, UR 1993, 246.

[121] Jetzt: Verordnung (EG) Nr. 1798/2003 des Rates v. 7.10.2003 über die Zusammenarbeit der Verwaltungsbehörden auf dem Gebiet der Mehrwertsteuer [...], ABl. 2003 Nr. L 264/1.

[122] Vgl. *Tumpel*, Mehrwertsteuer im innergemeinschaftlichen Warenverkehr, 143 f., *Hemmelrath/Busch*, BB 1992, 2193.

[123] Vgl. *Weymüller*, in: S/R, Umsatzsteuer, § 6a, Rn. 8.

über die Abschaffung der Grenzkontrollen überwiegt. Letztlich ist festzustellen, dass es durch die Abschaffung der steuerlichen Grenzkontrollen unter Beibehaltung des Bestimmungslandprinzips nicht nur zu einer Verlagerung der Kontroll-, sondern auch der Aufzeichnungspflichten von den Landesgrenzen in die Unternehmen[124] kam, wodurch wiederum die Erleichterungen durch den Wegfall der Grenzkontrollen mehr als egalisiert wurden[125].

III. Zwischenfazit und Auswirkungen der Umsatzsteuerharmonisierung

Bis zur Vollendung des Europäischen Binnenmarktes am 1.1.1993 wurde nicht zwischen Warenlieferungen mit anderen EG-Mitgliedstaaten und Drittstaaten unterschieden[126]. Generell wurden Lieferungen nach Deutschland als Einfuhr und von Deutschland ins Ausland als Ausfuhr bezeichnet[127]. Die Besteuerung nach dem Bestimmungslandprinzip wurde durch die generelle Steuerbefreiung der Ausfuhr und Besteuerung der Einfuhr gewährleistet und durch den Grenzausgleich mittels Grenzkontrollen erreicht[128]. Um die Steuerbefreiung zu erlangen, mussten die Tatbestandsmerkmale der Ausfuhr vom Unternehmer nachgewiesen werden. Insbesondere der zu erbringende Ausfuhrnachweis konnte durch die an den Grenzkontrollen erfolgte Zollabfertigung und die dementsprechend ausgestellten Zollbelege in der Regel problemlos erbracht werden[129].

Trotz Abschaffung der steuerlichen Grenzkontrollen blieb es bei der Besteuerung nach dem Bestimmungslandprinzip und damit der Steuerbefreiung von innergemeinschaftlichen Lieferungen. Den Nachweis des Vorliegens der tatbestandsmäßigen Voraussetzungen hat der Unternehmer seither nach wie vor zu erbringen, kann nun allerdings nicht mehr auf die Zollbelege zurückgreifen, sondern muss anderweitige Nachweismöglichkeiten heranziehen. Im nachfolgenden Teil B wird noch genauer darauf einzugehen sein, wie diese Nachweise vom deutschen Unternehmer zu erbringen sind. Vorab sei aber vermerkt, dass der Unternehmer auf Mithilfe seines ausländischen Abnehmers angewiesen ist und darauf zu vertrauen hat. Stellen sich die Angaben im Nachhinein als falsch heraus, bedarf es zum Schutz des gutgläubigen und sorgfältigen Unternehmers einem weitergehenden Vertrauensschutz.

[124] Vgl. *Dziadkowski/Robisch*, BB 1994, 1605; *Hemmelrath/Busch*, BB 1992, 2193.
[125] Vgl. *Birkenfeld*, USt-Handbuch, § 270, Rn. 474; *Weber*, UR 2003, 425.
[126] Vgl. *Hemmelrath/Busch*, BB 1992, 2190.
[127] Vgl. *Hemmelrath/Busch*, BB 1992, 2190 ff.
[128] Vgl. *Hemmelrath/Busch*, BB 1992, 2190.
[129] Vgl. *Kraeusel*, UR 2005, 187; *Bülow*, in: Vogel/Schwarz, § 6a, Rn. 32; *Schwarz*, in: P/M/W, UStG, § 6a, Rn. 47.

B. Nachweispflichten

Scheinen die eben dargestellten zusätzlichen Verpflichtungen, die sich aus der Errichtung eines steuerlichen Binnenmarktes ergeben haben, schon problematisch und aufwändig genug zu sein, soll es nun in Teil B darum gehen, zu erläutern, welche Schwierigkeiten dem Unternehmer entstehen, die materiell-rechtlichen Voraussetzungen einer innergemeinschaftlichen Lieferung nachzuweisen.

I. Europarechtliche Vorgaben

1. Vorgaben der Mehrwertsteuersystemrichtlinie

In Art. 138 MwStSystRL, in welchem die Voraussetzungen des Vorliegens einer innergemeinschaftlichen Lieferung beschrieben sind, werden keinerlei Aussagen darüber getroffen, ob, wie und von wem diese Voraussetzungen nachgewiesen werden müssen. Allerdings werden gemäß Art. 131 MwStSystRL die Steuerbefreiungen allgemein – und damit auch die Steuerbefreiung der innergemeinschaftlichen Lieferung – unter den Bedingungen angewandt, welche die Mitgliedstaaten zur Gewährleistung einer korrekten und einfachen Anwendung dieser Befreiungen und zur Verhinderung von Steuerhinterziehung, Steuerumgehung und Missbrauch festlegen.

Werden ferner in den Art. 217 ff. MwStSystRL bestimmte formelle Pflichten der Steuerschuldner in Bezug auf Aufzeichnungen, Rechnungen und Steuererklärungen detailliert geregelt, erlaubt es Art. 273 MwStSystRL den Mitgliedstaaten weitere Pflichten vorzusehen, die sie als erforderlich erachten, um eine genaue Erhebung der Steuer sicherzustellen und Steuerhinterziehungen zu verhindern, sofern diese Pflichten im Handelsverkehr zwischen den Mitgliedstaaten nicht zu Förmlichkeiten beim Grenzübertritt führen.

2. Vorgaben des EuGH

a) Vorgaben an die Mitgliedstaaten

Durch die Regelung des Art. 131 MwStSystRL werden die Mitgliedstaaten ermächtigt[130], eigene Anforderungen an ihre Steuerpflichtigen zu stellen, inwiefern diese Nachweise und Erklärungen vorzulegen haben, um die Steuerbefreiung der innergemeinschaftlichen Lieferung zu erlangen. Diese Legitimation soll den Mitgliedstaaten als Kompensation für den Wegfall der innergemeinschaftlichen Grenzkontrollen dienen[131], wodurch ihnen eigene

[130] Vgl. *Schwarz*, in: P/M/W, UStG, § 6a, Rn. 19g.
[131] Vgl. *Englisch*, UR 2008, 482.

Kontroll- und Überwachungsmöglichkeiten entzogen wurden. Wie aus der EuGH-Entscheidung in der Rs. *Teleos*[132] zu entnehmen ist, ist Art. 131 MwStSystRL allerdings nicht nur als Ermächtigungsvorschrift anzusehen, sondern verpflichtet die Mitgliedstaaten vielmehr, Voraussetzungen festzusetzen, unter denen sie innergemeinschaftliche Lieferungen befreien.

b) Vorgaben an die Unternehmer

Höchstrichterlich ist mittlerweile geklärt, dass der *Unternehmer* die Voraussetzungen der Steuerfreiheit nachzuweisen hat. Die in § 6a III 1 UStG normierte und in der Literatur stets vorherrschende Meinung[133] wird vom EuGH[134] bestätigt. Demnach hat derjenige die Beweislast für das Recht auf eine steuerliche Sonderbehandlung oder Abgabenbefreiung zu tragen, der sich auf dieses Recht beruft, sodass der liefernde Unternehmer nachzuweisen hat, dass die Voraussetzungen für die Steuerbefreiung der innergemeinschaftlichen Lieferung vorliegen. Dieser Grundsatz unterliegt den vom Gemeinschaftsrecht gezogenen Grenzen[135]. Durch die Abschaffung der Grenzkontrollen zwischen den Mitgliedstaaten ist es für die Finanzverwaltung schwierig geworden ist, insbesondere das physische Verbringen des Liefergegenstandes in einen anderen Mitgliedstaat zu kontrollieren. Diese Prüfung ist in erster Linie anhand der von den Steuerpflichtigen vorgelegten Beweise und abgegebenen Erklärungen durchzuführen[136].

Der Unternehmer kann demnach von der Finanzverwaltung des Liefermitgliedstaates nicht verlangen, dass diese die Behörden des Bestimmungsmitgliedstaates um Auskünfte zu ersuchen hat und evtl. erteilte Hinweise berücksichtigen muss. Die Amtshilfe-Richtlinie[137] und die Verordnung über die Zusammenarbeit der Verwaltungsbehörden[138], auf Grundlage derer eine solche Auskunftspflicht in der Rechtssache *Twoh International*[139] verlangt wurde, sind nach Ansicht des EuGH lediglich zur Zusammenarbeit der Finanzbehörden der Mitgliedstaaten erlassen worden und nicht dazu, den Steuerpflichtigen in seiner Beweis-

[132] Vgl. EuGH, Urt. v. 27.9.2007, Rs. C-409/04, *Teleos*, a.a.O., Rn. 49.
[133] Vgl. exemplarisch *Birkenfeld*, USt-Handbuch, § 109, Rn. 16; *Husmann*, in: R/D, UStG, § 6a, Rn. 86; *Wäger*, UStB 2004, 206.
[134] Vgl. EuGH, Urt. v. 27.9.2007, Rs. C-184/05, *Twoh International*, a.a.O. und EuGH, Urt. v. 27.9.2007, Rs. C-409/04, *Teleos*, a.a.O.
[135] Vgl. EuGH, Urt. v. 27.9.2007, Rs. C-184/05, *Twoh International*, a.a.O., Rn. 26.
[136] EuGH, Urt. v. 27.9.2007, Rs. C-409/04, *Teleos*, a.a.O., Rn. 44.
[137] Richtlinie 77/799/EWG des Rates v. 19.12.1977 über die gegenseitige Amtshilfe zwischen den zuständigen Behörden der Mitgliedstaaten im Bereich der direkten und indirekten Steuern, ABl. 1977 Nr. L 336/15.
[138] Vgl. Fn. 121.
[139] Vgl. EuGH, Urt. v. 27.9.2007, Rs. C-184/05, *Twoh International*, a.a.O.

pflicht zu unterstützen oder gar zu entlasten. Dem Einzelnen werden aufgrund der vorgenannten Rechtsakte keine weiteren Rechte verliehen, als eine Bestätigung über die Gültigkeit der USt-IdNr. einer bestimmten Person zu erhalten[140]. Des Weiteren ist es Sache der Mitgliedstaaten zu entscheiden, ob konkrete Informationen über eine innergemeinschaftliche Lieferung fehlen und ob sie einen anderen Mitgliedstaat um Auskunft ersuchen[141]. *Englisch* ist der Ansicht, dass es aus Verhältnismäßigkeitsgründen geboten wäre, zumindest wenn sich die vom Unternehmer beigebrachten Belege als inhaltlich unzutreffend erwiesen, dem Unternehmer einen Anspruch auf ermessensfehlerfreie Entscheidung über die Inanspruchnahme des innergemeinschaftlichen Informationsaustausches zu gewähren[142]. Dieser Auffassung kann nur im Grundsatz gefolgt werden. Es ist fraglich, welche Auskünfte der Erwerberstaat ohne unverhältnismäßig hohen Verwaltungsaufwand, wie es die Zusammenarbeitsverordnung[143] gebietet, erbringen kann. Aufgrund der mittlerweile ausgereiften technischen Möglichkeiten, wäre es für den Bestimmungsmitgliedstaat wohl relativ einfach, die dortige Erwerbsbesteuerung zu bestätigen. Entscheidende Beweiskraft käme dieser Bestätigung jedoch nicht zu[144]. Weitere Angaben könnten die Finanzbehörden des Bestimmungsmitgliedstaates wohl nur unter unverhältnismäßig großem Aufwand beschaffen, sodass sich der Steuerpflichtige nicht auf ein solches Auskunftsverfahren verlassen sollte.

Im Ergebnis wird es dabei bleiben, dass die Steuerbefreiung versagt wird, wenn der Steuerpflichtige nicht mit seinen eigenen zur Verfügung stehenden Mitteln die jeweiligen Voraussetzungen nachweisen kann. Es liegt hierin zwar eine grundsätzliche Systemwidrigkeit vor, und zwar eine mit dem Neutralitätsprinzip[145] nicht zu vereinbarende Doppelbesteuerung, doch ist diese aufgrund des Übergangscharakters der Binnenmarktregelung hinzunehmen[146].

3. Grundsätzliche Nachweispflicht in Einklang mit der Warenverkehrsfreiheit

Erhöhte Nachweispflichten, die die innergemeinschaftlich tätigen Unternehmer gegenüber rein national agierenden Unternehmern zu erbringen haben, könnten potentielle Behinde-

[140] Vgl. EuGH, Urt. v. 27.9.2007, Rs. C-184/05, *Twoh International*, a.a.O., Rn. 31 und 34.
[141] Vgl. EuGH, Urt. v. 27.9.2007, Rs. C-184/05, *Twoh International*, a.a.O., Rn. 32.
[142] Vgl. *Englisch*, UR 2008, 484 f.
[143] Vgl. Art. 40 I lit. a der VO 1798/2003.
[144] Vgl. EuGH, Urt. v. 27.9.2007, Rs. C-184/05, *Twoh International*, a.a.O., Rn. 37, wonach die Bestätigung der Erwerbsbesteuerung lediglich Indizwirkung dafür habe, dass der Liefergegenstand den Herkunftsmitgliedstaat verlassen hat.
[145] Ausführliche Erläuterungen zum Neutralitätsprinzip siehe unter B. I. 4. b).
[146] Vgl. *Nieskens*, EU-UStB 2007, 84 f. mit Verweis auf ständige EuGH-Rechtsprechung.

rungen der Warenverkehrsfreiheit und der Wettbewerbsneutralität darstellen. Zweifelsohne darf die Pflicht zur Erbringung von Nachweisen nicht dazu führen, dass der Handelsverkehr im europäischen Binnenmarkt gegenüber dem innerstaatlichen Handel benachteiligt wird[147]. Dies könnte insofern vorliegen, als ein Unternehmer, der Waren in einen anderen Mitgliedstaat steuerfrei liefern will, ein Vielfaches an Nachweisen und sonstigen Verpflichtungen[148] zu erbringen hat, als ein lediglich national agierender Unternehmer. Die hohen Formerfordernisse könnten als Beschränkung[149] anzusehen sein und damit gegen die innergemeinschaftliche Warenverkehrsfreiheit verstoßen.

In ihrer Funktion als Beschränkungsverbot verbietet die Warenverkehrsfreiheit nationale Maßnahmen, die die Ausübung jener Grundfreiheit „behindern oder weniger attraktiv machen können"[150]. Die erhöhten Nachweiserfordernisse können durchaus dazu führen, dass Unternehmer sich auf nationale Betätigungen beschränken[151], sodass die Nachweispflichten als Beschränkung der Warenverkehrsfreiheit angesehen werden können. Jedoch bezwecken die Nachweispflichten die Verhinderung von Steuerumgehungen und -hinterziehungen sowie die wirksame Steuerkontrolle[152], sodass man zum Schluss kommen muss, dass die Beschränkung der Warenverkehrsfreiheit grundsätzlich aus *zwingenden Gründen des Allgemeininteresses*[153] gerechtfertigt ist. Selbstverständlich ist die Beschränkung nur gerechtfertigt, sofern sie den weiteren Grundprinzipien des Europarechts, insbesondere dem Verhältnismäßigkeitsprinzip[154], genügt, worauf noch zu kommen sein wird. Im Grundsatz liegt damit jedenfalls keine unzulässige Beschränkung der Warenverkehrsfreiheit durch die erhöhten Nachweiserfordernisse vor[155].

Eine unzulässige Beschränkung der Warenverkehrsfreiheit in der grundsätzlichen Nachweisverpflichtung sieht auch der EuGH nicht und führt letztlich gar aus (bzw. lehnt zumindest richtigerweise nicht ab), dass an den Steuerpflichtigen hohe Anforderungen zur Ver-

[147] Vgl. Art. 273 MwStSystRL; Henze, EU-UStB 2007, 89; *Winter*, UR 2007, 883; dieser These wohl zustimmend, allerdings zur Versagung des Vertrauensschutzes *Schiessl/Krüger*, BB 2003, 1472.
[148] Siehe unter A. III.
[149] Vgl. *Sauer*, IStR 2005, 423.
[150] Vgl. grdl. zur Warenverkehrsfreiheit: EuGH, Urt. v. 11.7.1974, Rs. 8-74, *Dassonville*, Slg. 1974, 837, Rn. 5; zur Niederlassungsfreiheit: EuGH, Urt. v. 30.11.1995, C-55/94, *Gebhard*, Slg. 1995, I-4165, Rn. 37.
[151] Vgl. *Schiessl/Krüger*, BB 2003, 1472 zur Versagung des Vertrauensschutzes.
[152] Siehe unter B. I. 1.
[153] Vgl. EuGH, Urt. v. 30.11.1995, C-55/94, *Gebhard*, a.a.O., Rn. 37; *Wernsmann*, in: Schulze/Zuleeg, § 30, Rn. 114.
[154] Vgl. *Wernsmann*, in: Schulze/Zuleeg, § 30, Rn. 112.
[155] Wohl ders.A. EuGH, Urt. v. 27.9.2007, Rs. C-409/04, *Teleos*, a.a.O., Rn. 61 ff.

meidung von Steuerhinterziehung zu stellen sind[156] und dieser demzufolge Nachweise über die Steuerbefreiungsvoraussetzungen einer innergemeinschaftlichen Lieferung zu erbringen hat[157].

Grundlegend lässt sich nunmehr zusammenfassen, dass die MwStSystRL den Mitgliedstaaten keine expliziten Vorgaben macht, unter welchen Voraussetzungen die Steuerbefreiung einer innergemeinschaftlichen Lieferung zu gewähren ist. Vielmehr haben die Mitgliedstaaten selbst Regelungen i.S.d. Art. 131 MwStSystRL zu treffen. Grundsätzlich sind die Mitgliedstaaten zwar frei in der Wahl ihrer Mittel und Form der Umsetzung der Richtlinienbestimmungen, doch muss das Ziel der Richtlinie stets erfüllt werden[158]. Willkürliche Maßnahmen dürfen von den Mitgliedstaaten keinesfalls getroffen werden[159]. Das Ziel der Steuerbefreiung der innergemeinschaftlichen Lieferung ist die mehrwertsteuerliche Entlastung im Ursprungsmitgliedstaat, damit eine Doppelbesteuerung durch die Besteuerung im Bestimmungsmitgliedstaat vermieden wird[160]. Die in Art. 131 MwStSystRL eingeräumte Ermächtigung, Nachweise über die Erfüllung der Befreiungsvoraussetzungen zu verlangen, darf von den Mitgliedstaaten nur insoweit ausgeübt werden, als dadurch die Erhebung der Mehrwertsteuer und ihre Überprüfung durch die Finanzverwaltung gesichert wird. Nachweise dürfen – insbesondere durch ihre Zahl oder ihre technische Kompliziertheit – die Entlastung im Ursprungsmitgliedstaat nicht praktisch unmöglich machen oder übermäßig erschweren[161].

Ging es bisher im Teil B der vorliegenden Untersuchung darum, darzustellen, welche Vorgaben die MwStSystRL respektive der EuGH den Mitgliedstaaten in Bezug auf deren Nachweispflichten an die Unternehmer auferlegt, sollen im weiteren Verlauf die weiteren einschlägigen Grundprinzipien erläutert werden, die die Mitgliedstaaten bei Ausgestaltung ihrer Nachweisanforderungen zu beachten haben. Darunter fallen die Grundfreiheiten, das Prinzip der Wettbewerbsneutralität sowie weitere allgemeine Rechtsgrundsätze, die Bestandteil der Gemeinschaftsrechtsordnung sind[162].

---

[156] Vgl. EuGH, Urt. v. 27.9.2007, Rs. C-409/04, *Teleos*, a.a.O., Rn. 58.
[157] Vgl. EuGH, Urt. v. 27.9.2007, Rs. C-184/05, *Twoh International*, a.a.O.
[158] Vgl. *Tumpel*, Mehrwertsteuer im innergemeinschaftlichen Warenverkehr, 377.
[159] Vgl. *Tumpel*, Mehrwertsteuer im innergemeinschaftlichen Warenverkehr, 377.
[160] Vgl. *Tumpel*, Mehrwertsteuer im innergemeinschaftlichen Warenverkehr, 377.
[161] Vgl. *Tumpel*, Mehrwertsteuer im innergemeinschaftlichen Warenverkehr, 377 mit Verweis auf EuGH-Rechtsprechung zu ähnlicher Problematik.
[162] Vgl. EuGH, Urt. v. 27.9.2007, Rs. C-409/04, *Teleos*, a.a.O., Rn. 45 f.; EuGH, Urt. v. 27.9.2007, Rs. C-146/05, *Collée*, a.a.O., Rn. 25 f.; EuGH, Urt. v. 21.2.2008, Rs. C-271/06, *Netto Supermarkt*, a.a.O., Rn. 17 f.; in diesem Sinne *Weymüller*, in: S/R, Umsatzsteuer, § 6a, Rn. 7.

4. Ausgestaltung der Nachweispflichten unter Beachtung der Grundprinzipien des europäischen Gemeinschafts- und Mehrwertsteuerrechts

Wie in Teil A der vorliegenden Untersuchung erläutert, lässt sich die Notwendigkeit der Beachtung der Grundfreiheiten und der Verwirklichung von Wettbewerbsneutralität innerhalb der Europäischen Gemeinschaft als Wesensmerkmale der Binnenmarktkonzeption unmittelbar aus dem europäischen Primärrecht entnehmen.

a) Warenverkehrsfreiheit und Wettbewerbsneutralität

Wie bereits dargestellt, steht die grundsätzliche Nachweiserbringung durch den Unternehmer nicht der Grundfreiheit des freien Warenverkehrs entgegen. Ferner würde es allerdings dem Binnenmarktkonzept widersprechen, wenn die Wirtschaftsteilnehmer schlechter gestellt wären als vor der Abschaffung der Grenzkontrollen[163]. Dies könnte insofern vorliegen, als sich die leistenden Unternehmer nicht mehr auf die von den Zollbehörden ausgestellten Zollbelege stützen können, sondern den Nachweis der Lieferung in übriges Gemeinschaftsgebiet auf andere Weise erbringen müssen. Auch hier ist insbesondere die Warenverkehrsfreiheit zu beachten, wie es in Art. 273 MwStSystRL verdeutlicht wird. In Bezug auf die Nachweisverpflichtungen kann dieser Regelung entnommen werden, dass solche Pflichten zwar an die innergemeinschaftlich liefernden Unternehmer gestellt werden können, aber nur, sofern diese nicht zu Förmlichkeiten am Grenzübertritt führen und damit die Warenverkehrsfreiheit einschränken. Ob im Speziellen die deutschen Nachweisanforderungen mit der Warenverkehrsfreiheit in Einklang stehen, wird noch herauszuarbeiten sein.

Das Grundprinzip der Wettbewerbsneutralität spiegelt sich im Grundsatz der Neutralität der Mehrwertsteuer wider.

b) Neutralität der Mehrwertsteuer als Ausprägung der Wettbewerbsneutralität

Das Neutralitätsprinzip ist eines der Grundprinzipien der Mehrwertsteuer und beruht auf dem binnenmarktrechtlichen Grundsatz der Wettbewerbsneutralität[164]. Wie in Teil A der vorliegenden Untersuchung ausführlich erläutert, war die Herstellung von Wettbewerbsneutralität in den Mitgliedstaaten eines der Hauptziele der Schaffung eines europäischen

[163] Vgl. EuGH, Urt. v. 27.9.2007, Rs. C-409/04, *Teleos*, a.a.O., Rn. 62 ff.
[164] Vgl. *Lohse*, UR 2004, 582.

Binnenmarktes. Bereits aus den Begründungserwägungen zur 1. EG-Richtlinie[165] ist zu ersehen, dass das gemeinsame Mehrwertsteuersystem Wettbewerbsneutralität in der Weise garantieren soll, dass gleichartige Waren innerhalb der einzelnen Länder ungeachtet der Länge des Produktions- und Vertriebswegs steuerlich gleich belastet werden und dass im grenzüberschreitenden Handelsverkehr die steuerliche Belastung bekannt ist, damit ein genauer Ausgleich dieser Belastung vorgenommen werden kann. Der Neutralitätsgrundsatz erfordert für Ausgangsumsätze eine allgemeine Besteuerung mit Gleichbehandlung gleichartiger Umsätze[166]. Bezüglich der Eingangsumsätze ist ein Unternehmer von der auf seinen Leistungsbezügen ruhenden Mehrwertsteuer durch den Vorsteuerabzug freizustellen[167]. Somit wirkt sich das Mehrwertsteuersystem im Idealfall vollkommen wettbewerbsneutral aus. Die Umsatzsteuer soll für den Unternehmer wirtschaftlich betrachtet lediglich ein durchlaufender Posten darstellen, von der er durch den (sofortigen) Vorsteuerabzug vollständig entlastet wird[168].

Bei innergemeinschaftlichen Warentransaktionen wird das Neutralitätsprinzip dadurch gewahrt, dass die innergemeinschaftliche Lieferung, korrespondierend zur Besteuerung des innergemeinschaftlichen Erwerbs, von der Besteuerung ausgenommen wird. Gemäß dem geltenden Bestimmungslandprinzip wird eine Doppelbesteuerung[169] vermieden und Steuerneutralität hergestellt[170]. Insofern dürfen Nachweisforderungen der Mitgliedstaaten nicht dazu führen, dass die Steuerbefreiung der innergemeinschaftlichen Lieferung und damit die Neutralität der Mehrwertsteuer gefährdet wird.

Ferner verbietet der Grundsatz der Neutralität insbesondere, gleichartige und deshalb miteinander in Wettbewerb stehende Leistungen hinsichtlich der Mehrwertsteuer unterschiedlich zu behandeln. Da Lieferanten bei rein nationalem Handelsverkehr aufgrund der Ausgestaltung der Mehrwertsteuer als indirekte Verbrauchsteuer nie mit Mehrwertsteuer belastet werden, gebietet der Neutralitätsgrundsatz die Steuerbefreiung der innergemeinschaftlichen Lieferung. Innergemeinschaftliche Lieferanten können die Mehrwertsteuer

[165] Vgl. Begründungserwägungen 5 und 8 zur 1. EG-Richtlinie, abgedruckt in *Terra/Kajus*, European VAT Directives, Vol. 2, S. xvi; vgl. mittlerweile Begründungserwägungen 5 und 7 zur MwStSystRL, abgedruckt in *Terra/Kajus*, European VAT Directives, Vol. 2, S. xxxii.

[166] Vgl. *Lohse*, UR 2004, 583.

[167] Vgl. *Lohse*, UR 2004, 583.

[168] Vgl. *Wernsmann*, in: Schulze/Zuleeg, Europarecht, § 30, Rn. 22; siehe auch Art. 1 II MwStSystRL.

[169] Gemäß *Voß*, in: Grabitz/Hilf, Recht der EU, Art. 93, Rn. 25 ist das Verbot der Doppelbesteuerung ebenfalls als Grundprinzip der Mehrwertsteuer anzusehen. Da durch korrekte Anwendung der gegenwärtigen Vorschriften eine Doppelbesteuerung ausgeschlossen ist und sich dieses Verbot schon durch den Grundsatz der Neutralität ergibt, wird dieses Prinzip nicht in einem separaten Unterpunkt thematisiert.

[170] Siehe A. I. 2. c) aa).

nicht auf ausländische Endverbraucher abwälzen und wären insofern schlechter gestellt als Unternehmer, die ausschließlich nationale Umsätze tätigen[171].

Der Neutralitätsgrundsatz dient als Auslegungshilfe der Regelungen der MwStSystRL[172], sodass man Art. 131 MwStSystRL und die darauf beruhenden Anforderungen der Mitgliedstaaten in der Weise interpretieren muss, dass die Anforderungen an die Unternehmer nicht im Grundsatz dazu führen dürfen, dass die Steuerfreiheit der innergemeinschaftlichen Lieferung verloren geht und so die Neutralität der Mehrwertsteuer nicht mehr gewährt wäre.

c) Allgemeine Rechtsgrundsätze des Gemeinschaftsrechts

Neben der Wahrung der Grundfreiheiten und der Wettbewerbsneutralität sind die dem europäischen Primärrecht zuzurechnenden, ungeschriebenen allgemeinen Rechtsgrundsätze zu beachten, die sich als besondere Ausprägungen des Rechtsstaatlichkeitsprinzips entwickelt haben[173]. Die für die Frage der Europarechtskonformität der Nachweispflichten relevanten allgemeinen Rechtsgrundsätze seien nachfolgend dargestellt und in Bezug zu den Nachweispflichten gebracht.

aa) Rechtssicherheit

Das Prinzip der Rechtssicherheit gilt im Gemeinschaftsrecht als allgemeiner Rechtsgrundsatz, der in abgabenrechtlicher Hinsicht voraussetzt, dass eine für den Steuerpflichtigen belastende Regelung klar und deutlich ist, damit er seine Rechte und Pflichten eindeutig erkennen und folglich seine Vorkehrungen treffen kann[174]. Eine Regelung ist insbesondere dann an diesem Grundsatz zu messen, wenn es sich um eine Regelung handelt, die sich finanziell belastend auswirken kann. In einem solchen Fall muss es den Betroffenen möglich sein, den Umfang der ihnen damit auferlegten Verpflichtungen genau erkennen zu können[175]. Mitgliedstaaten müssen bei der Ausübung ihrer Befugnisse, die ihnen die Gemeinschaftsrichtlinien einräumen, den Grundsatz der Rechtssicherheit beachten[176]. Hat ein Mitgliedstaat Nachweispflichten bzgl. innergemeinschaftlicher Lieferungen festgelegt, so

---

[171] Vgl. EuGH, Urt. v. 27.9.2007, Rs. C-409/04, *Teleos*, a.a.O., Rn. 59 und 60.
[172] Vgl. *Tumpel*, Ein hybrides Mehrwertsteuersystem für Österreich und Europa, 322; *Leitl*, UVR 2008, 143.
[173] Vgl. *Scheuing*, in: Schulze/Zuleeg, Europarecht, § 6, Rn. 25; *Pernice/Mayer*, in: Grabitz/Hilf, Recht der EU, nach Art. 6 EUV, Rn. 289 ff.
[174] Vgl. *Scheuing*, in: Schulze/Zuleeg, Europarecht, § 6, Rn. 35 ff.
[175] Vgl. EuGH, Urt. v. 27.9.2007, Rs. C-409/04, *Teleos*, a.a.O., Rn. 48 m.w.N; *Wäger*, Besteuerung innergemeinschaftlicher Reihengeschäfte, 25.
[176] Vgl. EuGH, Urt. v. 11.5.2006, Rs. 384/04, *Federation of Technological Industries u.a.*, Slg. 2006, I-4191=UR 2006, 410, Rn. 29.

dürfen diese Regelungen nicht im Nachhinein verschärft werden und damit die bereits getätigten Umsätze nachträglich mit Umsatzsteuer belastet werden[177]. Diese Handhabe würde gegen den gebotenen Grundsatz der Rechtssicherheit verstoßen.

bb) Verhältnismäßigkeitsprinzip

Der Grundsatz der Verhältnismäßigkeit gehört nach ständiger Rechtsprechung des EuGH zu den allgemeinen Grundsätzen des Gemeinschaftsrechts[178]. An ihm sind die Handlungen der Gemeinschaftsorgane zu messen[179], mithin auch die Ermächtigung des Art. 131 MwStSystRL und mittelbar dann die daraus von den Mitgliedstaaten getroffenen Verpflichtungen an die Unternehmer. Gemäß dem Verhältnismäßigkeitsgrundsatz dürfen sich Mitgliedstaaten solcher Mittel bedienen, die es zwar erlauben, das vom innerstaatlichen Recht verfolgte Ziel wirksam zu erreichen, die jedoch die Ziele und Grundsätze des einschlägigen Gemeinschaftsrechts möglichst wenig beeinträchtigen[180]. So ist es zwar bspw. legitim, dass die von den Mitgliedstaaten erlassenen Maßnahmen darauf abzielen, die Ansprüche des Staates möglichst zu schützen; es sind jedoch Mittel zu wählen, die dazu geeignet, erforderlich und angemessen sind[181].

Nach Abschaffung der Grenzkontrollen ist es für die Mitgliedstaaten schwer oder nahezu unmöglich geworden, grenzüberschreitende Warenströme nachzuvollziehen oder zu kontrollieren. Gerade für den Fiskus ist es im Hinblick auf die Steuerbefreiung der innergemeinschaftlichen Lieferung notwendig geworden, ein weitergehendes Kontrollsystem einzuführen. Ohne Überprüfung, ob die oben genannten Tatbestandsvoraussetzungen tatsächlich eingetreten sind, wäre der Umsatzsteuerhinterziehung Tür und Tor geöffnet. Ermächtigt durch Art. 131 MwStSystRL, können demnach Mitgliedstaaten Bedingungen festlegen, wie die korrekte und einfache Anwendung dieser Steuerbefreiung gewährleistet werden kann. Allerdings müssen sich die Kontrollmechanismen im Rahmen des Grundprinzips der Verhältnismäßigkeit bewegen. Das Ziel, der Steuerhinterziehung vorzubeugen, rechtfertigt es mitunter hohe Anforderungen an die Verpflichtungen der Lieferanten

[177] Vgl. *Winter*, UR 2007, 883.
[178] Vgl. *Scheuing*, in: Schulze/Zuleeg, Europarecht, § 6, Rn. 39 mit entsprechenden EuGH-Fundstellen und stellt nicht nur ein „Regulativ föderativer Kompetenzverteilung" dar, wie man es Art. 5 III EGV entnehmen könnte.
[179] Bspw. EuGH, Urt. v. 19.9. 2000, Rs. C-177/99 u.a., *Ampafrance u.a.*, Slg. 2000, I-7013=IStR 2000, 655, Rn. 42.
[180] Vgl. auch *Terra/Kajus*, European VAT Directives, Vol. 1, 26, die das Verhältnismäßigkeitsprinzip aus Sicht des Bürgers erläutern, „dessen Freiheit durch die öffentliche Hand nur insoweit eingeschränkt werden darf, als es der Schutz des öffentlichen Interesses unabdingbar erfordert".
[181] Vgl. EuGH, Urt. v. 30.11.1995, C-55/94, *Gebhard*, a.a.O., Rn. 37; EuGH, Urt. v. 18.12.1997, Rs. C-286/94 u.a., *Molenheide u.a.*, Slg. 1997, I-7281=EuZW 1998, 379, Rn. 46 f.

zu stellen. Dem ist entgegen zu halten, dass die Unternehmer als Steuereinnehmer für Rechnung des Staates und somit im Interesse der Staatskasse tätig werden. Sie schulden die Mehrwertsteuer, obwohl diese als Verbrauchsteuer letztlich vom Endverbraucher getragen wird[182]. Unter Verhältnismäßigkeitsgesichtspunkten ist demnach zu beachten, dass die Unternehmer durch die Nachweispflichten nicht zusätzlich und übermäßig belastet werden dürfen[183].

cc) Vertrauensschutz

Der gemeinschaftsrechtliche Grundsatz des Vertrauensschutzes[184] ist eng mit dem Grundsatz der Rechtssicherheit verknüpft[185] und setzt die Entstehung einer Vertrauenslage, die Schutzwürdigkeit des Vertrauens und das Überwiegen des Individualinteresses über entgegenstehende öffentliche Interessen voraus[186]. Das Entstehen eines Vertrauenstatbestandes kann sich entweder aus einem Rechtsetzungsakt oder aus Maßnahmen allgemeinen Charakters ergeben.

Der Gemeinschaftsgesetzgeber hat sich nicht dazu entschlossen, besondere Nachweisanforderungen an den innergemeinschaftlich liefernden Unternehmer zu stellen. Es ist den Mitgliedstaaten überlassen, diese festzulegen. Unter Vertrauensschutzgrundsätzen, die sich aus dem Rechtssicherheitsprinzip ergeben, ist nach Auffassung des Verfassers zu beachten, dass es dem Unternehmer nicht nur möglich sein muss, seine an ihn gestellten Anforderungen klar zu erkennen, sondern er darüber hinaus auch auf die niedergeschriebenen Anforderungen insofern vertrauen können muss, als nachträglich keine weiteren Anforderungen an ihn gestellt werden.

Ohne unmittelbaren Rechtssetzungsakt lässt sich ferner ein Vertrauensschutz aus dem Verhältnismäßigkeitsprinzip entwickeln, welches auch zur „Glättung von normativen Härten“ eingesetzt wird[187]. *Widmann* sieht eine besondere Ausprägung dieser Glättung in der Vertrauensschutzregelung des § 6a IV UStG[188]. Trotz Fehlens bestimmter objektiver Tat-

[182] Vgl. EuGH, Urt. v. 21.2.2008, Rs. C-271/06, *Netto Supermarkt*, a.a.O., Rn. 21 m.w.N.
[183] Vgl. *Englisch*, UR 2008, 483.
[184] Vgl. EuGH, Urt. v. 21.2.2008, Rs. C-271/06, *Netto Supermarkt*, a.a.O., Rn. 18 m.w.N.; a.A. *Wagner*, JbFSt 2004/2005, 542, der keinen gemeinschaftsrechtlichen Grundsatz des Vertrauensschutzes erkennen will.
[185] Vgl. *Scheuing*, in: Schulze/Zuleeg, Europarecht, § 6, Rn. 35 und 38; *Pernice/Mayer*, in: Grabitz/Hilf; Recht der EU, nach Art. 6 EUV, Rn. 296.
[186] Vgl. *Scheuing*, in: Schulze/Zuleeg, Europarecht, § 6, Rn. 38.
[187] Vgl. *Widmann*, UR 2006, 109; ähnlich *Michel*, BB 2008, 1268.
[188] Ders.A. wohl *Leonard*, in: Bunjes/Geist, UStG, § 6a, Rn. 46, der von „Vermeidung unbilliger Härten“ spricht.

bestandsmerkmale wird die Steuerbefreiung für innergemeinschaftliche Lieferungen gewährt. *Stadie* ist darüber hinaus der Auffassung, dass es gleichermaßen der verfassungs- und gemeinschaftsrechtliche Grundsatz der Verhältnismäßigkeit, auch ohne gesetzliche Regelung[189], erfordere, dass der innergemeinschaftlich agierende Unternehmer auf vom Erwerber behauptete Tatsachen vertrauen kann, sofern er diese Angaben nicht überprüfen musste oder auf dem vom Gesetz vorgegebenen Weg überprüft hat[190]. Bezüglich Einzelheiten zu § 6a IV UStG sei auf Teil C verwiesen.

II. Regelungen im deutschen Umsatzsteuerrecht

Wie ausführlich erläutert, gibt die Mehrwertsteuersystemrichtlinie keine spezifischen Nachweiserfordernisse für die Erlangung der Steuerbefreiung von innergemeinschaftlichen Lieferungen vor. Art. 131 MwStSystRL ermächtigt die Mitgliedstaaten, Bedingungen zur Gewährleistung einer korrekten und einfachen Anwendung dieser Befreiungen und zur Verhinderung von Steuerhinterziehung, Steuerumgehung und Missbrauch festzulegen. Auf Grundlage dieser Regelungsbefugnis setzt der deutsche Gesetz- und Verordnungsgeber nicht lediglich gemeinschaftsrechtliche Vorgaben um, sondern definiert eigene Anforderungen in § 6a III i.V.m. §§ 17a ff. UStDV[191]. Demnach hat der deutsche Unternehmer gemäß § 6a III 1 UStG die Voraussetzungen der Steuerbefreiung nachzuweisen. Wie dies zu geschehen hat, legt das Bundesministerium der Finanzen aufgrund der Ermächtigung in § 6a III 2 UStG in einer Rechtsverordnung mit Zustimmung des Bundesrates fest. Die §§ 17a bis § 17c UStDV bestimmen demnach die Anforderungen an den sog. Buch- und Belegnachweis. Diese beiden Nachweiselemente sind durch entsprechende Hinweise und Verweise so miteinander zu verknüpfen, dass sie eine Einheit bilden[192]. Im nachfolgenden Abschnitt wird es darum gehen, zu überprüfen, ob die deutschen Anforderungen an den innergemeinschaftlich agierenden Unternehmer mit den vorab beschriebenen Rechtsprinzipien vereinbar sind. Auf eine Wiedergabe des Gesetzeswortlauts der einzelnen Nachweiserfordernisse sei verzichtet.

---

[189] Vgl. hierzu *Widmann*, UR 2006, 109, der feststellt, dass es außer in Deutschland und Österreich in keinem anderen Mitgliedstaat gesetzlich festgelegte Vertrauensschutzregelungen im Hinblick auf innergemeinschaftliche Lieferungen gibt.

[190] Vgl. *Stadie*, Umsatzsteuerrecht, Rn. 10.48.

[191] Vgl. *Englisch*, UR 2008, 481.

[192] Vgl. BFH, Beschl. v. 10.2.2005, V R 59/03, BStBl. II 2005, 538 m.w.N.; BFH, Urt. v. 7.12.2006, V R 52/03, BStBl. II 2007, 422; *Scholz*, EU-UStB 2007, 71; *Englisch*, UR 2008, 481; *Weymüller*, in: S/R, Umsatzsteuer, § 6a, Rn. 67.

III. Die deutschen Nachweiserfordernisse im Lichte des europäischen Gemeinschaftsrechts

Keineswegs sollen durch die Besteuerung des innergemeinschaftlichen Warenverkehrs der steuerehrliche Wirtschaftsteilnehmer behindert und der innergemeinschaftliche Warenverkehr beeinträchtigt werden. Allerdings wurde es potentiellen Steuerbetrügern durch die Abschaffung der Grenzkontrollen natürlich erleichtert, die Verbringung von Gegenständen in andere Mitgliedstaaten zu fingieren, damit einen innergemeinschaftlichen Warenverkehr vorzutäuschen und so Umsatzsteuer zu hinterziehen. Diesen Spagat zwischen möglichst hindernisfreiem Warenverkehr und Verhinderung von Steuerbetrug zu meistern, ist die Schwierigkeit, die den einzelnen Mitgliedstaaten im Rahmen der Ermächtigung des Art. 131 MwStSystRL verbleibt.

1. Charakter der Nachweispflichten

Gemäß § 6 II 1 UStG hat der Unternehmer die Voraussetzungen des § 6a I UStG nachzuweisen. Diese Pflicht ist, wie oben dargestellt, im Grundsatz mit den europarechtlichen Vorgaben vereinbar. Legt er keine Nachweise vor, kann die Finanzverwaltung zunächst davon ausgehen, dass die Voraussetzungen nicht erfüllt sind[193] und die Steuerbefreiung versagen. Die Sachaufklärungspflicht von Finanzamt (§ 88 AO) und Finanzgericht (§ 76 FGO) wird demnach begrenzt, sodass der Unternehmer von den Finanzbehörden nicht verlangen kann, den Sachverhalt von Amts wegen aufzuklären[194]. Der BFH führt darüber hinaus aus, dass der Unternehmer die speziellen Nachweispflichten des § 6a III 2 UStG i.V.m. §§ 17a bis 17c UStDV erfüllen muss, andernfalls könne die Finanzverwaltung davon ausgehen, dass die Voraussetzungen des § 6a I UStG nicht vorliegen. Ausnahmsweise kann die Steuerbefreiung auch gewährt werden, wenn die Nachweise nicht gemäß §§ 17a bis 17c UStDV geführt wurden, aufgrund objektiver Beweislage aber feststeht, dass die Voraussetzungen des § 6a I UStG vorliegen[195]. Diese objektive Beweislage kann sich durch (freiwillige) Ermittlungen der Finanzbehörden[196] oder aus Spontanauskünften anderer Mitgliedstaaten ergeben[197].

---

[193] Vgl. BFH, Urt. v. 8.11.2007, V R 72/05, DStR 2008, 716.
[194] Vgl. *Oelmaier*, DStR 2008, 1214.
[195] BFH, Urt. v. 8.11.2007, V R 72/05, DStR 2008, 716.
[196] Vgl. aber zu Ausfuhrbelegen *Söhn*, in: H/H/Sp, § 88 AO, Rn. 102, wonach das Finanzamt den Sachverhalt von Amts wegen nicht weiter aufklären dürfe.
[197] Vgl. *Oelmaier*, DStR 2008, 1214.

a) Nachweise keine materiell-rechtliche Voraussetzung

In ständiger Rechtsprechung und in Einklang mit der herrschenden Literaturauffassung[198] wurde seither die Ansicht vertreten, dass die festgelegten Anforderungen von ihrer Charakteristik her nicht nur Bestandteil der Beweisführung im Rahmen des Nachweises eines steuerbefreiten Vorgangs, sondern bereits *materiell-rechtliche Voraussetzung* für die Inanspruchnahme der Steuerbefreiung sind[199]. Dies hatte zur Folge, dass dem Unternehmer, der die formellen Erfordernisse nicht oder nicht rechtzeitig erbringen konnte, die Steuerfreiheit verwehrt wurde. Und dies, obwohl die materiellen Voraussetzungen des § 6a I UStG zweifelsohne vorlagen. Ferner drohten dem Unternehmer, der die Befreiung in Anspruch nahm, ohne entsprechende Nachweise vorliegen zu haben, straf- und bußgeldbewehrte Konsequenzen.[200] Begründet wurde diese Ansicht mit der einschlägigen Vorschrift zu den Nachweisen über Ausfuhrlieferungen (§ 13 I 2 UStDV) und der dazu ergangenen BFH-Rechtsprechung[201]. Nach Ansicht des BFH mussten die für den buchmäßigen Nachweis erforderlichen Aufzeichnungen *laufend und unmittelbar nach Ausführung der jeweiligen Umsätze* vorgenommen werden. Dieses Erfordernis ergebe sich daraus, dass die Voraussetzungen der Steuerbefreiungsvorschrift nach § 13 I 2 UStDV *eindeutig und leicht nachprüfbar aus der Buchführung zu ersehen sein* müssen. Der BFH wollte aufgrund der identischen Wortwahl (vgl. § 13 I 2 UStDV und § 17c I 2 UStDV) diese Rechtsprechungsgrundsätze nicht nur für Ausfuhrlieferungen, sondern auch für innergemeinschaftliche Lieferungen anwenden. Hatte ein Unternehmer seine Aufzeichnungen nicht laufend und unmittelbar nach Ausführung der jeweiligen innergemeinschaftlichen Umsätze vorgenommen und damit den Buchnachweis, und somit die formellen Anforderungen, nicht erfüllt, wurde ihm dieser formelle Mangel auch in materieller Hinsicht zum Verhängnis: Ihm wurde vom Finanzamt die Steuerbefreiung, trotz zweifelsfreien Vorliegens der materiellen Voraussetzungen, versagt. Er musste damit Umsatzsteuer bezahlen, die er seinem Abnehmer nicht in Rechnung gestellt hatte.

---

[198] Vgl. *Jakob*, Umsatzsteuer, Rn. 643; *Leonard*, in: Bunjes/Geist, UStG, § 6a, Rn. 36; *Stadie*, Umsatzsteuerrecht, Rn. 10.43; *Husmann*, in: R/D, UStG, § 6a, Rn. 86; *Birkenfeld*, USt-Handbuch, § 109, Rn. 16; *Bülow*, in: Vogel/Schwarz, § 6a, Rn. 34; *Lang*, in: Weimann/Lang, Umsatzsteuer, S. 608; *Weymüller*, in: S/R, Umsatzsteuer, § 6a, Rn. 47; *Schwarz*, in: P/M/W, UStG, § 6a, Rn. 19g; *Kraeusel*, UR 2005, 189 f.; *Abbas/Slotty-Harms*, UVR 2006, 214; zumindest schon zweifelnd *Klünemann*, UStB 2002, 345.

[199] Vgl. u.a. BFH, Beschl. v. 2.4.1997, V B 159/96, UR 1997, 225; BFH, Beschl. v. 5.2.2004, V B 180/03, BeckRS 2004, 25003368; BFH, Urt. v. 30.3.2006, V R 47/03, BStBl. II 2006, 634; BFH, Beschl. v. 25.11.2005, BStBl. II 2006, 484.

[200] Vgl. *Scholz*, EU-UStB 2007, 71.

[201] Vgl. u.a. BFH, Urt. v. 28.2.1980, V R 118/76, BStBl. II 1980, 415.

Bereits im Jahre 2003 hat der Österreichische Verfassungsgerichtshof erkannt[202], dass die Versagung der Steuerbefreiung aufgrund eines nicht rechtzeitig geführten Buchnachweises überschießend ist und gegen das Verhältnismäßigkeitsgebot verstößt. Das EuGH-Urteil in der Rs. *Collée*[203], das auf ein Vorabentscheidungsersuchen des BFH[204] erging, brachte letztlich Licht ins Dunkel. Nach Auffassung des EuGH verstößt eine solche Regelung in dreierlei Hinsicht gegen EG-Recht. Zunächst geht eine Maßnahme, die das Recht auf Steuerbefreiung einer innergemeinschaftlichen Lieferung im Wesentlichen von der Einhaltung formeller Pflichten abhängig macht, ohne die materiellen Anforderungen zu berücksichtigen und insbesondere ohne in Betracht zu ziehen, ob diese erfüllt sind, über das hinaus, was erforderlich ist, um eine genaue Erhebung der Steuer sicher zu stellen und ist damit unverhältnismäßig. Ferner erfordert der Grundsatz der steuerlichen Neutralität, dass die Steuerbefreiung für eine unzweifelhaft vorliegende innergemeinschaftliche Lieferung, sofern die materiellen Anforderungen erfüllt sind, gewährt wird, selbst wenn bestimmten formellen Anforderungen nicht genügt wird. Anders verhielte es sich nur, wenn der Verstoß gegen die formellen Anforderungen den sicheren Nachweis verhinderte, dass die materiellen Anforderungen erfüllt wurden. Obwohl die Pflicht, zeitnahe Aufzeichnungen zu führen, dem legitimen Ziel entspricht, die jederzeitige Überprüfung der Buchführung sicher zu stellen und Manipulationen vorzubeugen, darf die Steuerbefreiung nicht versagt werden, wenn die verspätete Nachweisführung zu keinerlei Gefährdung des Steueraufkommens geführt hat[205]. Außerdem kann eine Anforderung gegen den Grundsatz der Rechtssicherheit verstoßen, wonach gewisse Aufzeichnungen unmittelbar, aber ohne eine konkrete Frist zu nennen, nach Ausführung des Umsatzes vorgenommen werden müssen. Der BFH änderte daraufhin seine ständige Rechtsprechung und führte somit übereinstimmend in der *Collée*-Nachfolgeentscheidung[206] aus, dass die Nachweispflichten keine materiellen Voraussetzungen für die Befreiung der innergemeinschaftlichen Lieferung sind, sondern lediglich bestimmen, dass und wie der Unternehmer die Nachweise zu erbringen hat.

Dieser Auffassung ist zuzustimmen. Ausschließlich Art. 138 MwStSystRL bzw. § 6a I UStG legen die materiell-rechtlichen Voraussetzungen der Steuerfreiheit von innergemein-

[202] Vgl. Erkenntnis des Österreichischen VfGH v. 12.12.2003, B 916/02, siehe *Birkenfeld*, USt-Handbuch, § 109, Rn. 16.
[203] Vgl. EuGH, Urt. v. 27.9.2007, Rs. C-146/05, *Collée*, a.a.O., Rn. 31.
[204] Vgl. BFH, Beschl. v. 10.2.2005, V R 59/03, BStBl. II 2005, 537.
[205] Vgl. EuGH, Urt. v. 27.9.2007, Rs. C-146/05, *Collée*, a.a.O, Rn. 34.
[206] Vgl. BFH, Urt. v. 6.12.2007, V R 59/03, DStR 2008, 297.

schaftlichen Lieferungen fest. Liegen diese objektiv vor, darf die Steuerbefreiung aus formellen Gründen nicht versagt werden. Art. 131 MwStSystRL legt zwar fest, dass Mitgliedstaaten Bedingungen für die Steuerfestsetzung festlegen dürfen. Dass allerdings die Steuerfreiheit aus formellen Gründen versagt werden darf, geht ohne Zweifel über die Vorgaben der MwStSystRL und des EG-Rechts im Allgemeinen hinaus.

Es stellt sich jedoch die Frage, welche Wirkung die Erfüllung der Formerfordernisse der §§ 17a ff. UStDV dann entfaltet. Ergibt sich daraus eine *Indiz-* oder eine *Vermutungswirkung* für das Vorliegen der materiell-rechtlichen Befreiungsvoraussetzungen?

b) Indiz- oder Vermutungswirkung?

Liegt lediglich eine Indizwirkung vor, so bleibt die Last, die Voraussetzungen der innergemeinschaftlichen Lieferung objektiv zu beweisen, nach wie vor auf der Seite des Unternehmers. Entwickelt sich aber eine Vermutungswirkung, so tritt eine Beweislastumkehr in der Weise ein, dass zunächst davon auszugehen ist, dass die Steuerbefreiungsvoraussetzungen vorliegen und die Finanzverwaltung diese Vermutung nur anhand gegenteiliger Beweise widerlegen kann.

aa) Erfüllung aller Nachweispflichten

Erfüllt der Unternehmer sämtliche Kataloganforderungen der §§ 17a ff. UStDV, kann man zweifelsohne nicht mehr der Auffassung sein, dass es sich um eine reine Indizwirkung handelte. In diesem Falle muss für den Unternehmer Rechtssicherheit in der Weise entstehen, dass er weiß, unter welchen Umständen er seiner Beweislast zumindest dem ersten Anschein nach genüge getan hat. Es tritt demnach eine Vermutungswirkung für das Vorliegen einer steuerbefreiten innergemeinschaftlichen Lieferung ein[207]. Fraglich ist nur, ob es für das Eintreten der Vermutungswirkung ausreicht, Beleg- und Buchnachweise vorzulegen, die ausschließlich die materiellen Voraussetzungen des § 6a I UStG belegen.

bb) Erfüllung der notwendigen Nachweispflichten

Mit Urteil vom 1.2.2007[208] stellte der BFH fest, dass der Unternehmer die in § 17a II UStDV festgelegten Voraussetzungen *kumulativ* erfüllen *soll*. Interessanterweise findet sich im Wortlaut des § 17a II und IV UStDV nicht das Wort „regelmäßig“ wieder, welches

[207] Vgl. *Küffner/Langer*, DB 2008, 1117; grds. ders.A. *Schwarz*, in: P/M/W, UStG, § 6a, Rn. 190d; a.A. *Leitl*, UVR 2008, 146.
[208] Vgl. BFH, Urt. v. 1.2.2007, V R 41/04, DStR 2007, 754.

sonst Verwendung findet[209]. Fraglich ist, ob dadurch die *Sollwirkung* der Vorschrift verstärkt werden soll und mithin nahezu eine *Musswirkung* entsteht und damit der Unternehmer verpflichtet wird, sämtliche Anforderungen der §§ 17a II bzw. IV UStDV zu erfüllen. In Anbetracht dessen, dass der BFH aber zur Wirkung der Sollvorschrift des § 17a II UStDV[210] ausführt, dass das Fehlen einer der aufgeführten Voraussetzungen nicht zwangsläufig zur Versagung der Steuerbefreiung führt und der bezeichnete Nachweis auch durch andere Belege erbracht werden kann[211], wird aber klar, dass das Fehlen des Wortes „regelmäßig" nicht zur Verstärkung der Sollwirkung führt und dieses Fehlen demnach keine Auswirkung hat. Es wird aber deutlich, dass bei Fehlen eines Beleges der Nachweis der innergemeinschaftlichen Lieferung grundsätzlich nicht erbracht sein soll. Wobei dann zu prüfen sei, ob der Unternehmer den fehlenden Beleg durch einen anderen mit gleicher Aussagekraft ersetzen könne[212].

Dennoch ist fraglich, ob zur Erfüllung des Belegnachweises genau *vier* Nachweise (§ 17a II Nr. 1-4 UStDV) bzw. zur Erfüllung des Belegnachweises genau *neun* Nachweise (§ 17c II Nr. 1-9 UStDV), zumindest in entsprechender Weise, geführt werden müssen oder ob sich die Finanzverwaltung mit weniger Nachweisen zufrieden gibt, aus denen die materiellen Voraussetzungen des § 6a I UStG zu entnehmen sind. Nach Ansicht des BFH[213] war es zwar seither notwendig, die Belegnachweise des § 17a II Nr. 1-4 UStDV *kumulativ* nachzuweisen, doch kann diese Auffassung angesichts des *Collée*-Urteils[214] und der BFH-Nachfolgeentscheidung[215] nicht aufrecht erhalten werden. Steht aufgrund der objektiven Beweislage fest, dass die Voraussetzungen des § 6a I UStG vorliegen, so ist die Steuerbefreiung auch ausnahmsweise dann zu gewähren, wenn die Nachweispflichten der §§ 6a III UStG i.V.m. §§ 17a ff. UStDV nicht erfüllt sind. Letztlich ist es mithin nicht notwendig, den gesamten Katalog der Nachweisanforderungen in den §§ 17a ff. UStDV zu erfüllen, insbesondere in Anbetracht dessen, dass einige Anforderung nicht mit den einschlägigen Grundprinzipien in Einklang zu bringen sind[216]. Es wird zumindest für die Frage der Gewährung der Steuerfreiheit einer innergemeinschaftlichen Lieferung und Eintritt der Vermutungswirkung für den Unternehmer nur noch darum gehen, die materiellen Vorausset-

---

[209] Vgl. §§ 17c II und 9 ff. UStDV.
[210] BFH-Ausführungen sind wohl auch analog auf die Sollvorschrift des § 17a IV UStDV anzuwenden. Vgl. hierzu *Oelmaier*, DStR 2008, 1215.
[211] Vgl. auch schon BFH, Urt. v. 7.12.2006, V R 52/03, BStBl. II 2007, 423.
[212] Vgl. BFH, Urt. v. 30.3.2006, V R 47/03, BStBl. 2006, 636.
[213] Vgl. BFH, Urt. v. 1.2.2007, V R 41/04, DStR 2007, 754.
[214] EuGH, Urt. v. 27.9.2007, Rs. C-146/05, *Collée*, a.a.O.
[215] Vgl. BFH, Urt. v. 6.12.2007, V R 59/03, DStR 2008, 297.
[216] Siehe dazu eingehend unter B. III. 2. b).

zungen nachzuweisen. *Englisch*[217] ist demnach richtigerweise der Ansicht, dass sich aus dem Vorliegen eines nach *§ 17a I UStDV hinreichenden* Belegnachweises und nach *§ 17c I UStDV genügenden* Buchnachweises eine gesetzliche Vermutung i.S.d. § 292 ZPO für das Vorliegen der materiell-rechtlichen Befreiungsvoraussetzungen ergibt[218]. Die Finanzverwaltung kann die Vermutung nur durch den Beweis des Gegenteils oder durch die inhaltliche Unrichtigkeit der die Vermutung begründenden Belege bzw. Aufzeichnungen widerlegen[219]. Nicht ausreichend ist es, wenn die Finanzverwaltung die Richtigkeit der Nachweise in Zweifel zieht, aber deren Fehlerhaftigkeit nicht beweisen kann[220].

Der in der Literatur vertretenen Ansicht, dass sich die Diskussion um die Nachweispflichten auf den Nachweis der materiellen Voraussetzungen fokussieren werde[221], ist allerdings nicht zu folgen. Dies wird deutlich, wenn man die Rechtsprechung zur Frage des Gutglaubensschutzes nach § 6a IV UStG in Betracht zieht[222]. Dieser soll demnach nur gewährt werden, wenn die Nachweispflichten vollumfänglich erfüllt sind. Darauf wird noch zurückzukommen sein[223].

2. Umfang des Nachweises einer innergemeinschaftlichen Lieferung

In ständiger Rechtsprechung führt der BFH aus, dass die Verpflichtung des Unternehmers nach § 6a III 2 UStG, die Voraussetzungen einer innergemeinschaftlichen Lieferung nach Maßgabe der §§ 17a, 17c UStDV nachzuweisen, mit dem Gemeinschaftsrecht vereinbar ist[224]. In indirekter Weise wird diese These vom EuGH auch bestätigt. In der Rs. *Collée*[225] urteilt das Gericht, dass die Steuerbefreiung einer innergemeinschaftlichen Lieferung nicht allein damit versagt werden darf, dass der Buchnachweis für diese Lieferung verspätet vorgelegt worden sei[226]. Folgt man dem BFH in seiner Nachfolgeentscheidung, impliziert dieses vorgenannte EuGH-Urteil, dass die Nachweisvoraussetzungen des § 6 III 2 UStG

---

[217] Vgl. *Englisch*, UR 2008, 482 f.

[218] Im Ergebnis wohl derselben Ansicht *Küffner/Langer*, DB 2008, 1117, die aber die vom Unternehmer vorgebrachten Nachweise als *Indizien* bezeichnen, anhand derer geprüft wird, ob die Voraussetzungen des § 6a I UStG „hinreichend substanziiert dargelegt" wurden.

[219] Vgl. *Englisch*, UR 2008, 483.

[220] Vgl. *Schwarz*, in: P/M/W, UStG, § 6a, Rn. 203j, aber auch Rn. 191b.

[221] Vgl. *Sterzinger*, UR 2008, 171.

[222] Vgl. BFH, Urt. v. 7.12.2006, V R 52/03, BStBl. II 2007, 423; BFH, Urt. v. 15.7.2004, V R 1/04, UR 2005, 212; FG Hamburg v. 5.12.2007, 7 K 71/06, EFG 2008, 653.

[223] Siehe C. II. 2. b).

[224] Vgl. u.a. BFH, Urt. v. 8.11.2007, V R 26/05, DStR 2008, 819; BFH, Urt. v. 6.12.2007, V R 59/03, DStR 2008, 297; BFH, Urt. v. 8.11.2007, V R 71/05, DStR 2008, 718; BFH, Urt. v. 8.11.2007, V R 72/05, DStR 2008, 716; aber auch schon BFH, Urt. v. 18.7.2002, V R 3/02, BStBl. II 2003, 617 f. und BFH, Urt. v. 1.2.2007, V R 41/04, DStR 2007, 756 jeweils zum Belegnachweis.

[225] Vgl. EuGH, Urt. v. 27.9.2007, Rs. C-146/05, *Collée*, a.a.O.

[226] Vgl. EuGH, Urt. v. 27.9.2007, Rs. C-146/05, *Collée*, a.a.O., Rn. 29.

i.V.m. §§ 17a ff. UStDV generell EG-rechtskonform sind[227]; abgesehen von der bisher vertretenen Meinung, die Nachweiserbringung sei materiell-rechtliche Voraussetzung für die Steuerbefreiung. Ausdrücklich kann man dies dem EuGH-Urteil allerdings keinesfalls entnehmen. Man könnte auch die Meinung vertreten, dass der EuGH sich um eine eindeutige Aussage gewunden hat. Und zwar insofern, als die Rechtswidrigkeit der im Einzelfall strittigen formellen Voraussetzung (Buchnachweis nicht *laufend und unmittelbar* erbracht) augenscheinlich war und man sich deshalb zur EG-Rechtskonformität der Gesamtregelung nicht zu äußern brauchte. Es stellt sich also die Frage, ob die Anforderungen generell im Einklang mit den europarechtlichen und umsatzsteuerlichen Grundprinzipien stehen und damit für den Eintritt der oben dargestellten Vermutungsregelung notwendig sind.

Richtigerweise[228] können die Mitgliedstaaten auf Grundlage des Art. 273 MwStSystRL und des Art. 131 über die Maßgaben der MwStSystRL hinaus, weitere Anforderungen und Bedingungen festlegen, um in korrekter Weise die Mehrwertsteuer zu erheben und Steuermissbrauch zu verhindern. Auch wird der Finanzverwaltung durch die Vorgaben gemäß den §§ 17a ff. UStDV die Erhebung der Umsatzsteuer erleichtert. Für Zwecke der Eindämmung des Umsatzsteuermissbrauchs scheinen die Erfordernisse ebenso erträglich zu sein. Ob dadurch die Umsatzsteuer aber korrekt erhoben wird und die europarechtlichen Grundsätze gewahrt werden, scheint fraglich. Der BFH spricht diese Grundsätze im Nachfolgeurteil zwar an, eine Überprüfung der deutschen Normen auf EG-Rechtmäßigkeit findet allerdings, zumindest im Urteilstext, nicht statt. Das Gericht schließt lediglich aus dem vorangegangen EuGH-Urteil, dass der Buchnachweis den europarechtlichen Vorgaben entspricht[229] und verweist bzgl. Rechtmäßigkeit des Belegnachweises auf eigene Urteile[230], denen die Aktualität angesichts jüngerer Rechtsprechung abzusprechen ist. Ob die vom deutschen Unternehmer geforderten Nachweiserfordernisse tatsächlich mit EG-Recht vereinbar sind, sei im Nachfolgenden überprüft.

a) Die Mussvorschrift des § 6a III 1 UStG und der §§ 17a I, § 17c I UStDV

Dass *der Unternehmer* die Beweislast trägt, die Voraussetzungen des§ 6a I UStG für jeden Umsatz[231] nachzuweisen, ist, wie vorab erläutert, unstrittig mit den dargestellten Grundsät-

[227] Vgl. BFH, Urt. v. 6.12.2007, V R 59/03, DStR 2008, 297; ders.A. *Küffner/Zugmaier*, DStR 2007, 1808.
[228] Vgl. dazu obige Ausführungen unter B. I. 3.
[229] Vgl. *Langer*, NWB direkt 13/2008, 10.
[230] Vgl. BFH, Urt. v. 18.7.2002, V R 3/02, BStBl. II 2003, 616 und BFH, Urt. v. 1.2.2007, V R 41/04, DStR 2007, 754.
[231] Vgl. BFH, Urt. v. 8.11.2007, V R 71/05, DStR 2008, 719.

zen vereinbar. Er hat demnach durch Belege eindeutig und leicht nachprüfbar nachzuweisen, dass der Liefergegenstand von ihm oder vom Abnehmer in das übrige Gemeinschaftsgebiet befördert oder versendet wurde (§ 6a III UStG i.V.m. §§ 17a I 1 und 2 UStDV). Ferner hat der Unternehmer, ebenfalls eindeutig und leicht nachprüfbar, die Voraussetzungen des § 6a I UStG in seiner Buchführung nachzuweisen und die USt-IdNr. seines Abnehmers aufzuzeichnen (§ 6a III UStG i.V.m. §§ 17c I 1 und 2 UStDV). Unter *eindeutig und leicht nachprüfbar* ist zu verstehen, dass Steuerprüfer die erforderlichen Entscheidungen schnell und sicher aus den Belegen und entsprechenden Verweisen in die Buchführung treffen können[232] und dient somit zur Erleichterung der Nachprüfbarkeit der Angaben durch die Finanzverwaltung.

In Anbetracht dessen, dass Unternehmer in der Regel einer Buchführungspflicht unterliegen und die Beweisführung im Grundsatz anhand von Belegen genereller Art ermöglicht wird, geht diese Grundregelung gemäß §§ 17a I und 17c I UStDV nicht über das hinaus, was erforderlich ist, um eine korrekte und genaue Steuererhebung zu ermöglichen und Steuerhinterziehung zu vermeiden.

Fraglich ist indes, ob die nach § 17c I UStDV zwingende Aufzeichnung der USt-IdNr. über § 6a III 1 UStG als weiteres materiell-rechtliches Tatbestandsmerkmal der Steuerbefreiung anzusehen ist[233]. Die Nichtaufzeichnung der Abnehmer-USt-IdNr. bedeutete demnach die Nichtanerkennung der Steuerfreiheit. Auf den ersten Blick scheint, dass an dieser Auffassung, angesichts des *Collée*-Urteils[234], nicht festgehalten werden kann. Doch überlässt der EuGH in eben jener Rs. den Mitgliedstaaten das Recht, die Steuerbefreiung zu versagen, „wenn der Verstoß gegen formelle Anforderungen den sicheren Nachweis verhinderte, dass die materiellen Anforderungen erfüllt wurden"[235]. Schwer vorstellbar ist, wie die Unternehmereigenschaft des Abnehmers anders als durch dessen USt-IdNr. überprüft respektive nachgewiesen werden kann, sodass in der Aufzeichnung der USt-IdNr. eine solche vom EuGH konstituierte formelle Ausnahme mit materiell-rechtlicher Wirkung vorliegen könnte. Andererseits ist aber *Leonard*[236] zu folgen, der zutreffend ausführt, dass auf eine Aufzeichnung der USt-IdNr. verzichtet werden kann, wenn sich die grundsätzliche Erwerbsbesteuerung anderweitig nachweisen lässt. Eine materiell-rechtliche Wirkung der

---

[232] Vgl. *Tumpel*, Mehrwertsteuer im innergemeinschaftlichen Warenverkehr, 383.
[233] Vgl. *Schwarz*, in: P/M/W, UStG, § 6a, Rn. 216.
[234] Vgl. EuGH, Urt. v. 27.9.2007, Rs. C-146/05, *Collée*, a.a.O.
[235] Vgl. EuGH, Urt. v. 27.9.2007, Rs. C-146/05, *Collée*, a.a.O., Rn. 31.
[236] Vgl. *Leonard*, in: Bunjes/Geist, UStG, § 6a, Rn. 37.

Aufzeichnung der USt-IdNr. ist demnach abzulehnen[237], wobei, wie es der EuGH wohl verdeutlichen will, letztlich auf den Einzelfall abzustellen ist.

Resümierend lässt demnach die grundlegende Nachweiserbringung durch Belege und entsprechende Buchführung wohl keine Inkonformität mit den Grundprinzipien des Gemeinschaftsrechts erkennen. Doch wie sieht es mit den Kataloganforderungen nach §§ 17a II, IV und 17c II UStDV aus?

b) Die Sollbestimmungen in §§ 17a II, IV und 17c II UStDV

Die maßgeblichen Voraussetzungen des Art. 138 MwStSystRL, die der Unternehmer zur Erlangung der Steuerbefreiung nachweisen muss, sind im Wesentlichen, dass der Liefergegenstand in einen anderen Mitgliedstaat versendet wurde und die Lieferung an einen unternehmerischen Abnehmer für dessen Unternehmen erfolgt ist. Die Europäische Kommission ist hierzu der Ansicht, dass im Prinzip die normalen kaufmännischen Dokumente für diesen Nachweis ausreichend sind[238]. Das Bundesministerium der Finanzen kann mittels Rechtsverordnung auf Grundlage der Ermächtigung in § 6a III 2 UStG bestimmen, wie der Unternehmer den Nachweis zu führen hat. Gehen die Forderungen an den Unternehmer über diese wesentlichen Anforderungen hinaus und stellt die Rechtsverordnung eigene Voraussetzungen für die innergemeinschaftliche Lieferung auf[239], überschreitet der Verordnungsgeber damit die Grenzen der Ermächtigungsgrundlage und die Verordnung ist insoweit nichtig[240]. Angesichts der Änderung der BFH-Rechtsprechung führen Mängel in den nachfolgend besprochenen Nachweispflichten nicht mehr zur Versagung der Steuerfreiheit, allerdings darf auch der Eintritt in die Vermutungswirkung nicht gehindert werden, sofern die Nachweispflichten über die Ermächtigungsgrundlage hinausgehen und demnach entbehrlich sind.

aa) Belegnachweis

Nach § 17a I UStDV hat der Unternehmer durch Belege nachzuweisen, dass er oder der Abnehmer den Liefergegenstand in das übrige Gemeinschaftsgebiet befördert[241] oder ver-

---

[237] Vgl. BFH, Urt. v. 30.3.2006, V R 47/03, BStBl. II 2006, 636 f.; ders.A. wohl *Englisch*, UR 2008, 488, der der Aufzeichnung der USt-IdNr. lediglich Vermutungswirkung für das Vorliegen der Erwerbsbesteuerung zukommen lässt; *Kraeusel*, UR 2005, 189; *Hemmelrath/Busch*, BB 1992, 2192; a.A. *Jakob*, Umsatzsteuer, Rn. 644 ff.; *Stadie*, Umsatzsteuerrecht, Rn. 10.29 und 10.43.

[238] Vgl. *Tumpel*, Mehrwertsteuer im innergemeinschaftlichen Warenverkehr, 378.

[239] Vgl. *Bielefeld*, DStR 2006, 357; *Birkenfeld*, UR 1993, 146.

[240] Vgl. *Wäger*, UStB 2004, 206.

[241] Unter Befördern versteht man jedes Fortbewegen des Gegenstandes durch den liefernden Unternehmer, den Abnehmer oder einen unselbständigen Erfüllungsgehilfen; vgl. § 3 VI 2 UStG i.V.m. A 30 II UStR.

sendet[242] hat. Zu beachten ist hierbei die Aussage des EuGH in der Rs. *Teleos*, wonach die Verpflichtung an den Unternehmer, einen *schlüssigen* Nachweis für das physische Verlassen des Mitgliedstaates zu erbringen, keine korrekte und einfache Anwendung der Befreiungen gewährleiste, sondern vielmehr gegen den Grundsatz der Rechtssicherheit verstoße[243]. Es stellt sich nun die Frage, wie diese Urteilspassage mit der Kernaussage in der Rs. *Twoh International* vereinbar ist, nach der der Unternehmer eben diesen Beförderungs- oder Versendungsnachweis zu erbringen hat[244]. Dies muss wohl so verstanden werden, dass vom liefernden Unternehmer nicht gefordert werden kann, einen *überzeugenden* oder *endgültigen Beweis*[245] über das Verbringen in einen anderen Mitgliedstaat vorzulegen. Gerade in Abholfällen[246] muss es deshalb ausreichen, dass der Unternehmer den Transport in übriges Gemeinschaftsgebiet bspw. durch eine Transportversicherung des Abholers nachweist und im Regelfall auch auf deren Rechtmäßigkeit vertrauen kann. Dem Belegnachweis nach § 17a I UStDV darf demnach nicht eindeutige Beweiskraft zukommen, sondern darf dieser lediglich als *einfacher Nachweis* verstanden werden, der der Verstärkung der Vermutungswirkung dient. In diesem Sinne sind folglich die in § 17a II, IV UStDV aufgeführten Sollnachweise zu verstehen, anhand deren zu belegen ist, dass der Unternehmer oder der Abnehmer den Liefergegenstand in das übrige Gemeinschaftsgebiet befördert oder versendet hat.

Gemäß § 17a II Nr. 1 und IV Nr. 1 UStDV soll dies anhand eines *Rechnungsdoppels analog §§ 14, 14a UStG* nachgewiesen werden. Zunächst ist dazu festzustellen, dass es nicht mit der jüngsten EuGH-Rechtsprechung in Einklang zu bringen wäre, wenn ein Verstoß gegen Rechnungsführungspflichten zur Versagung der Steuerfreiheit der innergemeinschaftlichen Lieferung führte oder den Eintritt in die Vermutungswirkung verhinderte. Der BFH hat insofern bereits zutreffend entschieden, dass der Hinweis in der Rechnung auf Steuerfreiheit kein zwingender Bestandteil des Belegnachweises ist[247]. Insbesondere im

---

242 Versenden liegt vor, wenn der Liefergegenstand durch einen selbständigen Beauftragten, bspw. einen Spediteur, befördert wird; vgl. § 3 VI 3 UStG i.V.m. A 30 III UStR.

243 Vgl. EuGH, Urt. v. 27.9.2007, Rs. C-409/04, *Teleos*, a.a.O., Rn. 51.

244 Vgl. EuGH, Urt. v. 27.9.2007, Rs. C-184/05, *Twoh International*, a.a.O., Rn. 26.

245 In der englischen Originalfassung des *Teleos*-Urteils heißt es in Rn. 51:„To oblige taxable persons to provide *conclusive proof* that the goods have physically left the Member State of supply does not […].“ Eine Übersetzung von „conclusive proof“ als „endgültiger Beweis“ hätte die dargestellte Absicht des EuGH besser verdeutlich als eine Übersetzung als „schlüssiger Nachweis“.

246 Unter Abholfällen versteht man die Beförderung (Abholung) des Liefergegenstandes durch den Abnehmer oder durch dessen Bevollmächtigten.

247 Vgl. BFH, Urt. v. 30.3.2006, V R 47/03, BStBl. II 2006, 636 f.; BFH, Urt. v. 1.2.2007, V R 41/04, DStR 2007, 757; ders.A. *Englisch*, UR 2008, 487; so auch schon *Bielefeld*, DStR 2006, 357; *Kraeusel*, UR 2005, 189; *Birkenfeld*, USt-Handbuch, Rn. § 166, Rn. 171 f.; *Weymüller*, in: S/R, Umsatzsteuer, § 6a,

Hinblick auf die ohnehin vorzunehmende Aufzeichnung der USt-IdNr. im Rahmen des Buchnachweises kann demnach auch eine belegmäßige Aufzeichnung dieser unterbleiben[248]. Ferner ist allerdings fraglich, wie ein Rechnungsdoppel generell das körperliche Verbringen des Liefergegenstandes in übriges Gemeinschaftsgebiet nachweisen soll. *Birkenfeld*[249] führt dazu aus, dass sich der Transport in übriges Gemeinschaftsgebiet lediglich mittelbar durch ein Rechnungsdoppel beweisen lasse. *Englisch*[250] stellt demnach richtigerweise fest, dass wenn sich der Verbringensnachweis auch aus anderen Belegen leicht und eindeutig ergebe, auf das Doppel der Rechnung gänzlich verzichtet werden könne. *Oelmaier* ist hingegen der Ansicht, dass ein Rechnungsdoppel in jedem Fall vorgelegt werden müsse und lediglich die nach §§ 14, 14a UStG notwendigen Angaben durch andere Belege ersetzt werden könnten[251]. Letztgenanntem ist keinesfalls zuzustimmen. Mangels Beweiskraft eines Rechnungsdoppels kann man vielmehr gar zum Schluss kommen, dass *für die Frage des Belegnachweises* auf ein solches jedenfalls verzichtet werden kann[252]. Es ist allerdings darauf hinzuweisen, dass es dem Unternehmer u.U. leichter fällt, die im Rahmen des Buchnachweises geforderten Angaben durch Rekurrierung auf das Rechnungsdoppel nachzuweisen, sodass es für die Frage des Nachweises der Steuerbefreiungsvoraussetzungen generell zweckmäßig ist[253], ein Rechnungsdoppel vorzuhalten[254].

In Beförderungsfällen soll der Unternehmer ferner den *Bestimmungsort* des Liefergegenstandes durch einen *handelsüblichen Beleg*, insbesondere Lieferschein, nachweisen (§ 17a II Nr. 2 UStDV). Maßgeblich für das Vorliegen einer innergemeinschaftlichen Lieferung ist das Verbringen des Gegenstandes in das übrige Gemeinschaftsgebiet (§ 6a I 1 Nr. 1 UStG), nicht das Verbringen an einen bestimmten Ort, sodass ein Beleg (u.U. die Rechnung) aus dem das Bestimmungs*land* ersichtlich wird, ausreichend sein muss[255]. Eine Inaugenscheinnahme des Liefergegenstandes wird durch die Behörden bei innergemein-

Rn. 52; *Birkenfeld*, UR 1993, 145; *Abbas/Slotty-Harms*, UVR 2006, 214; *Zeuner*, in: Bunjes/Geist, UStG, § 14 a Rn. 8; a.A. *Leonard*, in: Bunjes/Geist, UStG, § 6a, Rn. 36; *Harksen/Möller*, UStB 2008, 80.

248 Vgl. *Wäger*, UStB 2004, 207; *Schwarz*, in: P/M/W, UStG, § 6a, Rn. 190c; a.A. *Harksen/Möller*, UStB 2008, 80.

249 Vgl. *Birkenfeld*, UR 1993, 145.

250 Vgl. *Englisch*, UR 2008, 487.

251 Vgl. *Oelmaier*, DStR 2008, 1215.

252 Vgl. *Wäger*, UStB 2004, 207.

253 Ganz davon abgesehen, dass die Aufbewahrung eines Doppels der Rechnung ohnehin gesetzlich geboten ist, vgl. § 14b UStG.

254 In diesem Sinne auch *Englisch*, UR 2008, 487.

255 Vgl. *Schwarz*, in: P/M/W, UStG, § 6a, Rn. 203a, aber Rn. 198e; *Weimann*, UStB 2005, 357; *Abbas/Slotty-Harms*, UVR 2006, 216; wohl ders.A. *Englisch*, UR 2008, 487; *Weymüller*, in: S/R, Umsatzsteuer, § 6a, Rn. 58; a.A. BFH, Urt. v. 7.12.2006, V R 52/03, BStBl. II 2007, 423, wonach ausdrücklich der Bestimmungsort nachgewiesen werden muss.

schaftlichen Lieferungen wohl in den seltensten Fällen durchgeführt werden, sodass es auf eine Angabe des Bestimmungsortes nicht ankommen kann. Ferner wird gerade in Abholfällen regelmäßig kein Lieferschein oder entsprechender Beleg ausgestellt, sodass es ausreichen muss, wenn bspw. aus der Rechnung oder u.U. aus einem Beleg i.S.d § 17a II Nr. 4 UStDV das Bestimmungsland hervorgeht[256]. Ein gesonderter Beleg, der den Bestimmungsort enthält ist nicht notwendigerweise vorzulegen. Durch einen anderweitigen Beleg, der das Bestimmungsland enthält, kann die grundsätzliche Erwerbsbesteuerung durch die beteiligten Finanzbehörden hinreichend überprüft werden.

Hinsichtlich der Voraussetzungen des Belegnachweises in Form einer Empfangsbestätigung durch den Abnehmer (§ 17a II Nr. 3 UStDV) ist zu unterscheiden zwischen Beförderung durch den Lieferanten und Abholung durch den Abnehmer. Im Falle der Beförderung durch den liefernden Unternehmer dient eine Empfangsbestätigung eines in einem anderen Mitgliedstaat ansässigen Abnehmers durchaus dazu, die Beförderung in einen anderen Mitgliedstaat zu belegen[257]. Hierzu reicht es aus, sich den Empfang durch Unterschrift des Abnehmers und Firmenstempel auf den Übergabepapieren bestätigen zu lassen[258]. Eine Empfangsbestätigung des *abholenden* Abnehmers ist jedoch entbehrlich. Aus ihr geht lediglich hervor, dass eine steuerbare Lieferung ausgeführt wurde, die Voraussetzungen des § 17a I UStDV aber nicht[259].

In Abholfällen soll ferner nach § 17c II Nr. 4 UStDV eine Versicherung des Abnehmers oder seines Beauftragten vorzulegen sein, dass dieser den Gegenstand ins übrige Gemeinschaftsgebiet befördert, die der Abholer regelmäßig bei Empfang des Gegenstandes unterzeichnen wird und die demnach eine Empfangsbestätigung erst recht ersetzt. Die Versicherung soll schriftlich[260] sein und zumindest eine Unterschrift oder ein gültiges Namenszeichen des Abnehmers oder seines Beauftragten enthalten[261]. Wie das FG Köln[262] jedoch zutreffend darlegt, ist die Versicherung des § 17a II Nr. 4 UStDV als reine Absichtserklärung des Abholers zu verstehen und hat demnach keinerlei Beweiswert. Doch kann dieser Versicherung für die Frage eines eventuellen Gutglaubensschutzes eine besondere Rele-

---

[256] A.A. BFH, Urt. v. 1.2.2007, V R 41/04, DStR 2007, 757; *Bülow*, in: Vogel/Schwarz, § 6a, Rn. 37, wonach zumindest aus der Rechnung Rückschlüsse auf den Bestimmungsort gezogen werden können müssen.
[257] Vgl. *Englisch*, UR 2008, 487; *Schwarz*, in: P/M/W, UStG, § 6a, Rn. 198f.
[258] Vgl. *Abbas/Slotty-Harms*, UVR 2006, 215.
[259] Insofern richtigerweise *Wäger*, UStB 2004, 207.
[260] Vgl. *Birkenfeld*, § 109, Rn. 17.
[261] Vgl. FG München v. 31.7.2003, 14 K 4876/02, EFG 2003, 1738; *Birkenfeld*, § 109, Rn. 18; *Bülow*, in: Vogel/Schwarz, § 6a, Rn. 37.
[262] Vgl. FG Köln v. 20.2.2008, 7 K 5969/03, DStRE 2008, 953.

vanz zukommen[263]. Das Verbringen in übriges Gemeinschaftsgebiet wird durch diese Versicherung jedenfalls nicht nachgewiesen und ist demnach entbehrlich. Erst recht, wenn sich der Verbringensnachweis aus anderen Unterlagen (z.B. Rechnung, Schriftverkehr oder Steuerfahndungsakten[264]) ergibt.

Gegen die Belegvoraussetzungen des § 17a IV 1 Nr. 2 UStDV i.V.m. § 10 I UStDV scheinen keine größeren Einwände zu bestehen[265], wobei es auch hier ausreichend sein sollte, das Bestimmungsland zu belegen (§ 10 I Nr. 2 S. 2 lit. e UStDV). Streit entfachte sich des Öfteren[266] an der Verwendung eines CMR-Frachtbriefes[267] als Beleg i.S.d. § 10 I Nr. 1 UStDV[268], was in einer generellen Ablehnung dieses Frachtbriefs als Belegnachweis für innergemeinschaftliche Lieferung resultierte[269]. Daran kann nicht mehr festgehalten werden, sofern ein vollständig ausgefüllter[270] und jeden Umsatz dokumentierender CMR-Frachtbrief vorliegt, da dadurch der Verbringensnachweis ausreichend belegt wird[271]. Dementsprechend darf die Steuerbefreiung einer innergemeinschaftlichen Lieferung bzw. das Eintreten der Vermutungswirkung in Versendungsfällen nicht vom Vorliegen einer sog. Weißen Spediteursbescheinigung[272] abhängig gemacht werden. Diese dient vollständig ausgefüllt zweifelsohne als ausreichender Versendensbeleg[273], sie enthält schließlich exakt die Vorgaben des § 10 I Nr. 2 S. 2 UStDV, doch reicht ein Beleg, der den Transport in einen anderen Mitgliedstaat belegt, aus. Zudem hat diese Spediteursbescheinigung den entscheidenden Nachteil, dass sie ausländischen Frachtführern häufig unbekannt ist[274]. Schwierigkeiten bereitet es den liefernden Unternehmer vor allem in sog. Ab-Werk-Lieferungen auch, den Abnehmer dazu zu verpflichten, den vollständig ausgefüllten Frachtbrief oder die Spediteursbescheinigung zurück zu senden. Insbesondere im Hinblick

263 Vgl. *Englisch*, UR 2008, 488. Eingehende Ausführungen unter C. II. 3. a).

264 Vgl. FG Köln v. 20.2.2008, 7 K 5969/03, DStRE 2008, 952 f.

265 Vgl. *Wäger*, UStB 2004, 208; wohl ders.A. *Englisch*, UR 2008, 481 ff., der darauf nicht näher eingeht.

266 Vgl. FG Bremen v. 1.12.2004, 2 V 64/04, UR 2005, 259; FG Hamburg v. 5.12.2007, 7 K 71/06, EFG 2008, 653.

267 Frachtbrief, der auf Grundlage des am 19.5.1956 in Genf unterzeichneten Übereinkommens über den Beförderungsvertrag im internationalen Straßengüterverkehr (CMR) in der durch das Protokoll vom 5.7.1978 geänderten Fassung ausgestellt wird.

268 Vgl. FG Bremen v. 1.12.2004, 2 V 64/04, UR 2005, 259.

269 Vgl. *Winter*, UR 2007, 884.

270 Insbesondere *Feld 24*, in der der Abnehmer den Empfang quittiert, muss ausgefüllt sein; vgl. *Rüth/Winter*, DStR 2005, 683.

271 Vgl. *Winter*, UR 2007, 884; *Oelmaier*, DStR 2008, 1215; *Henze*, EU-UStB 2007, 92; *Nieskens*, EU-UStB 2007, 85; *Weymüller*, in: S/R, Umsatzsteuer, § 6a, Rn. 63.

272 Vgl. Anl. 1 zum BMF-Schreiben v. 17.1.2000, IV D 2, S 7134, 2/00, BStBl. I 2000, 179.

273 A.A. *Bülow*, in: Vogel/Schwarz, § 6a, Rn. 40.

274 Vgl. *Rüth/Winter*, DStR 2005, 683; *Winter*, UR 2005, 248.

darauf ist entscheidend festzustellen, dass der Verbringensnachweis in das übrige Gemeinschaftsgebiet auch anderweitig nachgewiesen werden kann[275].

Zusammenfassend bleibt zu sagen, dass die Beleganforderungen des § 17a II, IV UStDV teilweise mehr fordern, als die Beförderung oder Versendung in übriges Gemeinschaftsgebiet nachzuweisen. Für den Eintritt in die Vermutungsregelung des Vorliegens einer innergemeinschaftlichen Lieferung, müssen Belege ausreichen, aus denen eben dieser Verbringensnachweis hervorgeht.

bb) Buchnachweis

Im Gegensatz zu den oben dargelegten Belegnachweisen muss der Unternehmen im Rahmen des Buchnachweises nach § 17c I 1 UStDV sämtliche Voraussetzung des § 6a I UStG nachweisen und zudem die USt-IdNr. des Abnehmers aufzeichnen.

Die grundsätzliche Erwerbsbesteuerung ist Voraussetzung einer innergemeinschaftlichen Lieferung[276], sodass der Unternehmer die Unternehmereigenschaft seines Abnehmers und den Erwerb für dessen Unternehmen nachweisen muss (§ 17c I UStDV i.V.m. § 6a I Nr. 2 lit. a UStG). Verwendet der Abnehmer seine USt-IdNr. kann davon in der Regel ausgegangen werden[277]. Die Aufzeichnung der vorgelegten USt-IdNr. zu Überprüfungszwecken ist demnach verhältnismäßig und mithin von § 6a III UStG und Art. 138 MwStSystRL gedeckt[278]. Zweifelsohne kann aber von der Angabe der USt-IdNr. des Abnehmers nicht die Steuerbefreiung der tatsächlich vorliegenden innergemeinschaftlichen Lieferung abhängig gemacht werden[279]. Sie entfaltet ebenfalls lediglich Wirkung hinsichtlich des Eintritts der Vermutungswirkung. Für die Frage der korrekten Nachweiserbringung kann vom Unternehmer auch nicht verlangt werden, die Gültigkeit der USt-IdNr. des Abnehmers zu über-

---

275 A.A. *Nieskens*, EU-UStB 2007, 85, der im CMR-Frachtbrief gar den *zwingend erforderlichen* Nachweis in Versendungsfällen sieht.

276 Vgl. unter A. I. 3.

277 Vgl. *Jakob*, Umsatzsteuer, Rn. 646; *Husmann*, in: R/D, UStG, § 6a, Rn. 108; *Leonard*, in: Bunjes/Geist, UStG, § 6a, Rn. 13; *Schwarz*, in: P/M/W, UStG, § 6a, Rn. 237 ff.; *Bülow*, in: Vogel/Schwarz, § 6a, Rn. 18 ff.; *Weymüller*, in: S/R, Umsatzsteuer, § 6a, Rn. 27; *Hemmelrath/Busch*, BB 1992, 2192; *Kraeusel*, UR 2005, 189; *Birkenfeld*, UR 1993, 146; *Vierbach/Baumgartner*, UStB 2004, 241; *Englisch*, UR 2008, 488; im Ergebnis wohl zustimmend *Stadie*, Umsatzsteuerrecht, Rn. 10.30. Nach Auffassung des Verfassers gilt diese Indizwirkung und die nachfolgenden Unterscheidungen auch bei Lieferungen im Einzelhandelsgeschäft; dazu wohl a.A. *Husmann*, in: R/D, UStG, § 6a, Rn. 106 mit Verweis auf BMF-Pressemitteilung v. 15.2.1993; *Weymüller*, in: S/R, Umsatzsteuer, § 6a, Rn. 84.

278 Vgl. *Tumpel*, Mehrwertsteuer im innergemeinschaftlichen Warenverkehr, 393; *Englisch*, UR 2008, 488; *Stadie*, Umsatzsteuerrecht, Rn. 10.43; BT-Drucks. 12/2463, 30; materiell-rechtliche Wirkung kommt der Aufzeichnung gleichwohl nicht zu, vgl. oben unter B. III. 2. a).

279 Vgl. *Schwarz*, in: P/M/W, UStG, § 6a, Rn. 198c; a.A. *Birkenfeld*, UR 1993, 145 f.; wohl auch *Wäger*, UStB 2004, 208.

prüfen und demnach zwingend die richtige USt-IdNr. aufzuzeichnen[280]. Die Angabe der USt-IdNr. dient lediglich dazu, der Finanzverwaltung eine Überprüfung zu ermöglichen[281]. Des Weiteren sind Name und die Anschrift des Abnehmers (§ 17c II Nr. 1 UStDV) ebenfalls notwendige Nachweiselemente[282]. Die USt-IdNr. dient zwar der Identifizierung des Abnehmers als Unternehmer, doch muss die USt-IdNr. mit den persönlichen Angaben des Abnehmers abgestimmt werden und von der Finanzverwaltung überprüft werden können. Insofern scheint auch die Auffassung des BFH gerechtfertigt, dass sich die Identität des Abnehmers regelmäßig aus den dem Umsatz zu Grunde liegenden zivilrechtlichen Vereinbarungen ergibt und so der Unternehmer die Identität seines Abnehmers bspw. durch Vorlage des Kaufvertrages nachzuweisen hat[283].

Auch die nach § 17c II Nr. 4 – 8 UStDV geforderten Angaben[284] bewegen sich im Rahmen der Verhältnismäßigkeit und sollten aufgezeichnet werden. *Wäger*[285] sieht zwar in der Verpflichtung, den Tag der Lieferung (§ 17c II Nr. 5 UStDV) und das Entgelt der Lieferung (§ 17c II Nr. 6 UStDV) aufzuzeichnen, ein Überschreiten der Ermächtigungsgrundlage, doch ist dem entgegen zu halten, dass eine Aufzeichnung dieser Elemente in der Regel verhältnismäßig ist, da diese Daten schon in der Rechnung und ordentlichen Buchführung enthalten sind und auch zur Verifikation beim Abnehmer dienen[286].

Strittig ist die Regelung des § 17a II Nr. 2 UStDV, wonach der Name und die Anschrift des Beauftragten des Abnehmers bei einer Lieferung, die im Einzelhandel oder in einer im Einzelhandel gebräuchlichen Art und Weise erfolgt, aufzuzeichnen ist. Ziel dieser Norm ist es, den Missbrauch einer fremden USt-IdNr. [287] bzw. den Missbrauch durch Privatverkäufe[288] zu verhindern. Im Grundsatz steht dem Erfordernis der Namens- und Anschriftangaben des Beauftragten des Abnehmers nichts entgegen, doch stellt sich die Frage, was unter

---

[280] Die Problematik eines Strohmanns oder Scheinunternehmers als Abnehmer stellt sich demnach in diesem Stadium nicht. Erst der Sorgfaltsmaßstab gemäß § 6a IV UStG erfordert, dass eine Verifikation der Abnehmerangaben nachgewiesen werden kann; vgl. dazu später mehr u.a. unter C. II. 2. b); a.A. *Schiessl/Krüger*, BB 2003, 1470; *Schwarz*, in: P/M/W, UStG, § 6a, Rn. 230a, 242.

[281] Vgl. *Birkenfeld*, USt-Handbuch, § 109, Rn. 20.

[282] Vgl. *Oelmaier*, DStR 2008, 1216; *Wäger*, UStB 2004, 208; *Englisch*, UR 2008, 488; *Schwarz*, in: P/M/W, UStG, § 6a, Rn. 239.

[283] Vgl. BFH, Urt. v. 8.11.2007, V R 26/05, DStR 2008, 819.

[284] Darin wird u.a. gefordert die Aufzeichnung der handelsüblichen Bezeichnung und Menge, des Tages der Lieferung, den vereinbarten Entgelts und die Art des Transports.

[285] Vgl. *Wäger*, UStB 2004, 209.

[286] Vgl. *Englisch*, UR 2008, 488 – dort Fn. 78.

[287] Vgl. *Tumpel*, Mehrwertsteuer im innergemeinschaftlichen Warenverkehr, 394 zur entsprechenden Regelung im österreichischen Umsatzsteuerrecht.

[288] Vgl. *Weymüller*, in: S/R, Umsatzsteuer, § 6a, Rn. 67.

einer *für den Einzelhandel gebräuchlichen Art und Weise* zu verstehen ist[289]. Die Beantwortung dieser Frage kann nach Auffassung des Verfassers offen bleiben, da eine Verifizierung des Beauftragten stets erfolgen und buchmäßig nachgewiesen werden sollte. Nur so kann in Zweifelsfällen der Missbrauch der USt-IdNr. ausgeschlossen und von der Finanzverwaltung überprüft werden. Verhältnismäßig ist eine solche Überprüfung und Dokumentation geeigneter Ausweispapiere ohnehin.

Die Angabe des Gewerbezweigs oder Berufs des Abnehmers gemäß § 17c II Nr. 3 UStDV soll dazu dienen, festzustellen, ob der Abnehmer der grundsätzlichen Erwerbsbesteuerung unterliegt[290]. Aufgrund dessen, dass der Abnehmer aber durch Verwendung seiner USt-IdNr. geradezu seinen Willen kund tut, als Unternehmer zu handeln und dementsprechend der Erwerbsbesteuerung in seinem Mitgliedstaat unterliegt, kann diesem Erfordernis keine Bedeutung zukommen[291]. Es wäre unverhältnismäßig, dem liefernden Unternehmer die Last aufzubürden, in dieser Weise zu belegen, dass sein Abnehmer den Liefergegenstand für sein Unternehmen erwirbt. Die Verwendung der USt-IdNr. und deren entsprechende Aufzeichnung[292] sollte als Nachweis ausreichen.

Auch eine Aufzeichnung des Bestimmungsortes nach § 17c II Nr. 9 UStDV scheint überflüssig zu sein, da letztlich nicht der Bestimmungsort, sondern das Bestimmungsland maßgeblich ist[293], dieses sich ferner regelmäßig schon aus den Belegnachweisen und/oder aus den Aufzeichnungen gemäß § 17c II Nr. 8 UStDV ergibt[294].

Auch für den Buchnachweis ist festzustellen, dass für den Eintritt in die Vermutungswirkung keinesfalls gefordert werden kann, sämtliche Vorgaben zu erfüllen. Es muss ausreichen, die Voraussetzungen des § 6a I UStG und die USt-IdNr. in die Buchführung aufzunehmen. Auf die Frage, wie mit den Forderungen der Finanzverwaltung umzugehen ist, Beleg- und Buchnachweise über § 17a ff. UStDV hinaus vorzulegen, und wie sich die Nachweiserbringung auf die Frage des Vertrauensschutzes auswirkt, wird noch zurückzukommen sein.

289 Vgl. Hessisches Finanzgericht v. 7.11.2006, 6 K 3787/05, DStRE 2007, 1036.
290 Vgl. *Wäger*, UStB 2004, 209.
291 Vgl. *Wäger*, UStB 2004, 209; *Englisch*, UR 2008, 488; a.A. *Schwarz*, in: P/M/W, UStG, § 6a, Rn. 239.
292 Siehe oben in diesem Abschnitt.
293 Vgl. dazu oben unter B. III. 2. b) aa); a.A. wohl FG München v. 28.4.2005, 14 K 1519/03, DStRE 2006, 102.
294 Vgl. *Wäger*, UStB 2004, 209; *Englisch*, UR 2008, 489.

c) Form und Zeitpunkt der Nachweiserbringung

Angesichts der Tatsache, dass formelle Nachweispflichten keine materiell-rechtliche Voraussetzung mehr für die Steuerbefreiung von innergemeinschaftlichen Lieferungen sind, dienen die Fragen des Zeitpunkts und der Form der Nachweiserbringung grundsätzlich lediglich zur Verfestigung der Vermutungswirkung für das Vorliegen einer innergemeinschaftlichen Lieferung.

aa) Form der Nachweiserbringung

Zweifelsohne ist der Belegnachweis nach wie vor mittels Urkunden in Form von *Belegen* zu führen und hat damit schriftlich zu erfolgen[295].

Eine reine Belegsammlung reicht nicht zur Führung eines Buchnachweises aus. Die Voraussetzungen des § 6a I UStG müssen sich vielmehr aus Aufzeichnungen ergeben, die entweder Teil der allgemeinen Buchführung sind oder gesondert geführt werden. Allerdings sind nicht alle erforderlichen Angaben gesondert aufzuführen, sondern es kann auf Belege, die die notwendigen Angaben enthalten, Bezug genommen werden[296].

Selbst in Anbetracht dessen, dass Formmängel nicht zum Ausschluss der Steuerbefreiung einer tatsächlichen innergemeinschaftlichen Lieferung führen dürfen, scheint es schwer vorstellbar zu sein, den Nachweis der Voraussetzungen der innergemeinschaftlichen Lieferung in anderer Weise als durch schriftliche Belege führen zu können, sodass diesen weiterhin ein zumindest gewisses materielles Gewicht zukommt.

bb) Zeitpunkt der Nachweiserbringung

Geht man von der bisherigen BFH-Rechtsprechung[297] aus, konnten Belegnachweise bis zur letzten mündlichen Verhandlung vor dem Finanzgericht vorgebracht werden. Buchnachweise mussten allerdings laufend und unmittelbar nach Ausführung des jeweiligen Umsatzes vorgenommen werden[298]. Am Zeitpunkt der Buchnachweiserbringung kann nun, zumindest hinsichtlich der Gewährung der Steuerbefreiung, nicht mehr festgehalten werden[299]. Vor dem Hintergrund der jüngsten, bereits dargestellten, EuGH- und BFH-

---

[295] Vgl. BFH, Urt. v. 18.7.2002, V R 3/02, BStBl. II 2003, 617; *Birkenfeld*, § 109, Rn. 17; *Abbas/Slotty-Harms*, UVR 2006, 215; *Klünemann*, UStB 2002, 345; *Weymüller*, in: S/R, Umsatzsteuer, § 6a, Rn. 58; *Schwarz*, in: P/M/W, UStG, § 6a, Rn. 203c.

[296] Vgl. *Wäger*, UStB 2004, 209.

[297] Vgl. BFH, Urt. v. 30.3.2006, V R 47/03, BStBl. II 2006, 634.

[298] Vgl. BFH, Beschl. v. 10.2.2005, V R 59/03, BStBl. II 2005, 538.

[299] Vgl. BFH, Urt. v. 6.12.2007, V R 59/03, DStR 2007, 297.

Rechtsprechung ist für die Frage des Zeitpunktes der Nachweiserbringung nach Auffassung des Verfassers zwischen drei Fallgestaltungen zu unterscheiden:

(1) Bestärken der Vermutungswirkung

Geht es darum, die oben beschriebene Vermutungswirkung zu bestärken, kann man durchaus der Auffassung sein, am Erfordernis einer *zeitnahen* Nachweisführung – sowohl hinsichtlich des Beleg- als auch Buchnachweises – festhalten zu können[300]. Durch diese Praxis wird es der Finanzverwaltung ermöglicht, die Beleg- und Buchnachweise eindeutig und leicht zu überprüfen und Steuermissbrauch vorzubeugen. Und so gelingt es dem Unternehmer zumindest *prima facie*, die Voraussetzungen der innergemeinschaftlichen Lieferung nachzuweisen und demnach die Vermutungswirkung eintreten zu lassen. Selbstverständlich kann es nur darum gehen, die nach §§ 17a I, 17c I UStDV tatsächlich erforderlichen[301] Nachweise zeitnah vorlegen zu können[302]. Wie oben erläutert, muss der Unternehmer zumindest anhand eines Beleges nachweisen, dass der Gegenstand von ihm oder dem Abnehmer in übriges Gemeinschaftsgebiet transportiert wurde. Ein Doppel der Rechnung scheint hierzu bspw. entbehrlich und muss demnach nicht zeitnah vorgehalten werden. Eine Versicherung i.S.d. § 17a II Nr. 4 UStDV (oder in entsprechender Weise) sollte hingegen bereits bei Beginn der Beförderung vorliegen[303]. Auch hinsichtlich des Buchnachweises kann es nur darum gehen, die tatsächlich notwendigen Aufzeichnungen unter Verweise auf dementsprechende Belege unverzüglich vorzunehmen, damit sich die Vermutungswirkung entfalten kann. So muss der Unternehmer z.B. zweifelsohne die USt-IdNr. des Abnehmers aufzeichnen. Ist der Unternehmer nicht in Lage dementsprechende Belege vorzulegen und Buchnachweise zu führen, hat er dies den Behörden mitzuteilen, um weiterhin die Vermutungsregelung aufrecht zu erhalten[304]. Somit wird es den Finanzbehörden ermöglicht, nach ihrem Ermessen eine Überprüfung der Voraussetzungen durchzuführen.

Ein Missachten dieser zeitnahen Nachweiserbringung führt, um dies nochmals zu verdeutlichen, freilich lediglich zum Entfall der Vermutungswirkung. Für die Frage der Steuerbefreiung kann der Unternehmer die Voraussetzungen dennoch anderweitig zur vollen Überzeugung der Finanzbehörden nachweisen, sodass es hierzu ausreicht, den Belegnachweis

---

[300] Vgl. *Englisch*, UR 2008, 485.
[301] A.A. wohl *Englisch*, UR 2008, 485.
[302] Vgl. dazu die Ausführungen zu den einzelnen Nachweiserfordernissen unter B. III. 2. b).
[303] Vgl. *Harksen/Möller*, UStB 2008, 81.
[304] Vgl. *Englisch*, UR 2008, 486; dies unzutreffend für die Frage der Steuerbefreiung bejahend *Bülow*, in: Vogel/Schwarz, § 6a, Rn. 36.

wie schon bisher – und jetzt wohl auch den Buchnachweis[305] - bis zum Schluss der mündlichen Verhandlung vor dem Finanzgericht nachzureichen[306].

(2) Nachweismangel

Hat der Unternehmer nun entsprechend ausreichend Belege vorgehalten und Bücher geführt, sind zumindest dem ersten Anschein nach die Voraussetzungen der innergemeinschaftlichen Lieferung erfüllt. War es ihm aber *nicht* möglich, diese Voraussetzungen des § 6a I UStG hinreichend zu dokumentieren, spricht dies gegen das Vorliegen einer steuerbefreiten innergemeinschaftlichen Lieferung und es entfällt die Vermutungsregelung. Insoweit muss es dem Unternehmer nach Auffassung des Verfassers – insbesondere aus Verhältnismäßigkeits- und Neutralitätsgrundsätzen – ermöglicht werden, Dokumente nachzureichen und Berichtigungen oder Ergänzungen vornehmen zu können[307]. Hierzu kann auf die EuGH-Rechtsprechung zur Rechnungsberichtigung[308] rekurriert werden, die auf den Buchnachweis der innergemeinschaftlichen Lieferung analoge Anwendung findet[309]. Demnach muss es dem Unternehmer möglich sein, jede in Unrecht gestellte Rechnung bzw. Buchführung berichtigen zu können, wenn er die Gefährdung des Steueraufkommens rechtzeitig und vollkommen beseitigt hat oder es zu keiner Gefährdung des Steueraufkommens gekommen ist[310]. In diesen Fällen kann demnach wie schon bisher der Belegnachweis und jetzt wohl auch der Buchnachweis bis zum Ende der letzten mündlichen Verhandlung geführt werden[311]. Kann der Unternehmer die jeweiligen Voraussetzungen nicht zur vollen Überzeugung der Finanzbehörden nachweisen, tritt die Vermutungswirkung nicht in Kraft und es „entfällt" zunächst die Steuerbefreiung. Es ist dann zu überprüfen, ob die Vertrauensschutzregelung des § 6a IV UStG eingreifen kann.

---

[305] Vgl. *Oelmaier*, DStR 2008, 1214 und zumindest im Grundsatz *Tausch*, UVR 2007, 350.

[306] Vgl. *Wäger*, UStB 2004, 208; *Abbas/Slotty-Harms*, UVR 2006, 215.

[307] Vgl. *Wäger*, UStB 2004, 209; *Englisch* (UR 2008, 486) ist im Ergebnis wohl derselben Ansicht, differenziert aber an dieser Stelle zwischen Verfehlungen, die der Unternehmer zu vertreten hat und jenen, die entschuldbar erscheinen. Dem ist nicht zuzustimmen, da in diesen Fällen die Vermutungswirkung *verschuldensunabhängig* in vollem Umfang entfällt. Ein nachträgliches Eintreten der Vermutungsregel ist nicht möglich, in diesen Fällen geht es nur noch darum (nachträglich) die Voraussetzungen des § 6a I UStG nachzuweisen, um die Steuerbefreiung nicht zu verlieren.

[308] EuGH, Urt. v. 13.12.1989, Rs. C-342/87, *Genius Holding*, Slg. 1998, I-4227=UR 1991, 83 und EuGH, Urt. v. 19.9.2000, Rs. C-454/98, *Schmeink&Cofreth und Manfred Strobel*, Slg. 2000, I-6973=UR 2000, 470.

[309] Vgl. EuGH, Urt. v. 27.9.2007, Rs. C-146/05, *Collée*, a.a.O., Rn. 35.

[310] Vgl. *Henze*, EU-UStB 2007, 92.

[311] Vgl. *Nieskens*, EU-UStB 2007, 83; *Abbas/Slotty-Harms*, UVR 2006, 216; für den Buchnachweis einschränkend *Bülow*, in: Vogel/Schwarz, § 6a, Rn. 47.

(3) Widerlegung durch Finanzbehörde

Liegen eindeutige Beweise des Finanzamtes vor, die die Voraussetzungen einer innergemeinschaftlichen Lieferung widerlegen, entfällt die Vermutungswirkung nach Auffassung des Verfassers vollumfänglich. Ein „Wiedereintritt" in diese Regelung ist nicht mehr möglich, da zweifelsfrei die Voraussetzungen des § 6a I UStG nicht vorliegen, sodass für den Unternehmer auch nicht mehr die Möglichkeit besteht, Nachweise nachzureichen, die die Vermutungswirkung wieder aufleben lassen. In diesen Fällen kann es für den Unternehmer ebenfalls nur noch darum gehen, Nachweise bis zum Schluss der mündlichen Verhandlung vor dem FG beizubringen, die die Vertrauensschutzregelung i.S.d. § 6a IV UStG erfordert.

d) Nachweiserfordernisse über §§ 17a ff. UStDV hinaus

Wie nachfolgend erläutert, werden von den Finanzbehörden immer wieder Nachweise verlangt, die über die Vorgaben der §§ 17a ff. UStDV hinausgehen. Fraglich ist, ob diese Vorgehensweise mit den einschlägigen Grundprinzipien vereinbar ist.

aa) Belegnachweise über § 17a UStDV hinaus

Bei einem Barverkauf hochwertiger Kraftfahrzeuge und anderer hochwertiger Gegenstände wird die Meinung vertreten[312], in solchen Fällen seien besonders hohe Anforderungen an die Nachweispflichten zu stellen und der Unternehmer müsse sich daher über den Namen, die Anschrift und die Vertretungsmacht eines angeblichen Vertreters vergewissern und entsprechende Belege vorlegen können. *Scholz*[313] ist zwar der Ansicht, dass bei Bargeschäften oben genannter Art an die Nachweise erhöhte Forderungen zu stellen sind, eine gesetzliche Grundlage kann er diesbezüglich aber zutreffend nicht erkennen. Des Weiteren soll in Fällen, in denen die Beförderung durch einen Beauftragten des Abnehmers erfolgt, der Belegnachweis nur dann ordnungsgemäß erbracht worden sein, wenn der Unternehmer eine schriftliche Abholvollmacht vorlegen kann[314]. Dieser Meinung kann zumindest für die Frage der Vermutungswirkung nicht gefolgt werden. Völlig zu Recht legt *Scholz* dar[315], dass derlei Pflichten § 17a II UStDV nicht zu entnehmen[316] sind, ferner die Belegnachweisanforderungen in § 17a UStDV abschließend aufgezählt sind und mithin nicht weiter

[312] Vgl. *Oelmaier*, DStR 2008, 1215 mit Verweis auf die BFH-Urteile v. 15.7.2004, V R 1/04, UR 2005, 212 und BFH, Beschl. v. 12.7.2006, V B 213/05, BFH/NV 2006, 2139.
[313] Vgl. *Scholz*, EU-UStB 2007, 73.
[314] Vgl. BFH, Urt. v. 8.11.2007, V R 26/05, DStR 2008, 820; *Abbas/Slotty-Harms*, UVR 2006, 215.
[315] Vgl. *Scholz*, EU-UStB 2007, 73.
[316] Vgl. auch *Maunz*, UR 2007, 819.

ausgedehnt werden dürfen. Auch das Hessische Finanzgericht[317] vertritt die Auffassung, dass die Finanzverwaltung keine Belegnachweise über § 17a II UStDV hinaus einfordern darf. Allerdings wurde gegen dieses Urteil Revision[318] eingelegt, sodass zu befürchten bleibt, dass der BFH auf seiner für den Unternehmer stringenten Meinung beharrt.

bb) Buchnachweise über § 17c UStDV hinaus

Der Unternehmer hat im Abholfall nachzuweisen, dass der Liefergegenstand durch den Abnehmer oder dessen Beauftragten in übriges Gemeinschaftsgebiet befördert wurde (§ 17a I 1 UStDV). Wie oben dargelegt[319], hat der Unternehmer in der Regel unstrittig den Namen und Anschrift des Abnehmers und evtl. dessen Beauftragten aufzuzeichnen. Dass eine Beförderung durch einen vom Abnehmer Beauftragten nur anerkannt wird, wenn dessen Identität mittels Vollmacht auch buchmäßig nachgewiesen ist, geht über die nachzuweisenden Vorgaben des § 17a I UStDV hinaus[320]. Das Eintreten der Vermutungswirkung für das Vorliegen der Steuerbefreiungsvoraussetzungen nach § 6a I UStG kann somit nicht von der Vorlage einer Abholvollmacht abhängig gemacht werden.

Es ist den Mitgliedstaaten unbenommen, einen Katalog an Nachweispflichten aufzustellen, anhand dessen dann die Voraussetzungen der Steuerfreiheit nachzuweisen sind. Anforderungen, die allerdings über den Katalog hinausgehen, sind nicht mit europarechtlichen Grundsätzen, insbesondere nicht mit den Grundsätzen der Rechtssicherheit und Verhältnismäßigkeit, in Einklang zu bringen. Demnach dürfen über die in §§ 17a ff. UStDV normierten Nachweispflichten keine zusätzlichen Anforderungen an den Unternehmer gestellt werden[321]. Der Unternehmer könnte sich bei Abschluss eines innergemeinschaftlichen Warengeschäfts nie sicher sein, die Anforderungen für den Eintritt der Vermutungsregelung zweifelsohne erfüllt zu haben und müsste stets befürchten, weiterhin die Beweislast zu tragen, die Voraussetzungen der innergemeinschaftlichen Lieferung nachzuweisen.

---

[317] Vgl. Hessisches Finanzgericht v. 7.11.2006, 6 K 3787/05, DStRE 2007, 1036.
[318] Revision eingelegt, Az. beim BFH: V R 65/06.
[319] Siehe unter B. III. 2. b) bb).
[320] Vgl. hierzu FG München v. 28.4.2005, 14 K 1519/03, DStRE 2006, 102, wenn der Fahrer lediglich als *Abholer* tätig und zudem dem Unternehmer als solcher vorgestellt wurde.
[321] Vgl. *Winter*, UR 2007, 884 f.; *Wäger*, UStB 2004, 208; a.A. *Oelmaier*, DStR 2008, 1215; *Schwarz*, in: P/M/W, UStG, § 6a, Rn. 190d und 190h.

IV. Zwischenfazit

Bis zur Abschaffung der Grenzkontrollen konnte der Unternehmer recht einfach die Steuerbefreiungsvoraussetzungen der Ausfuhrlieferung mittels der von den Grenzzöllnern ausgestellten Zollbelege nachweisen. Interessanterweise führte die Warenverkehrsfreiheit als Grundstütze des EG-Binnenmarktes zur Abschaffung dieser Grenzen und Grenzkontrollen, doch wird diese Grundfreiheit durch die erhöhten Nachweisanforderungen an die Unternehmer gleichsam eingeschränkt. Allerdings ist zu konstatieren, dass die Nachweisvoraussetzungen der §§ 17a ff. UStDV durch die EuGH-Entscheidung *Collée*[322] und die Nachfolgeentscheidung des BFH[323] an Gewicht verloren haben. Die Nachweispflichten haben demnach keine materiell-rechtliche Bedeutung mehr, sondern dienen lediglich dazu, festzulegen, dass und wie der Unternehmer die Voraussetzungen einer innergemeinschaftlichen Lieferung darzulegen hat. Durch Vorlage ausreichender Belege und dementsprechender Buchführung tritt mithin eine Vermutungsregelung für den Unternehmer ein, dass er die Voraussetzungen erfüllt hat. Diese Vermutung kann das Finanzamt lediglich durch eindeutige Beweise des Gegenteils oder der Unrichtigkeit der vorgebrachten Nachweise widerlegen. Doch sollten nach Auffassung des Verfassers die Vorschriften der §§ 17a ff. UStDV unternehmerfreundlicher gestaltet und an die neuere Rechtsprechung angepasst werden. Dies könnte bspw. in der Weise erfolgen, dass ausdrücklich geregelt wird, dass der deutsche Unternehmer in *objektiver Art und Weise* die Voraussetzungen des § 6 I UStG nachzuweisen hat und er diesen Nachweis durch einen als *Kann-Vorschrift* konzipierten Beleg- und Buchnachweiskatalog führen kann. Dies würde der Vorschrift an Schärfe nehmen. An diesem Katalog könnte ferner die dargestellte Vermutungswirkung gemessen werden. Bis zu einer Neuregelung der Nachweisvorschriften sei dem Unternehmer aber dennoch geraten, weiterhin sämtliche in den einschlägigen Vorschriften genannten und ggf. darüber hinaus geforderten Nachweise zu führen, da dies für die Frage seiner Gutgläubigkeit i.S.d. § 6a IV UStG von Wichtigkeit werden kann.

[322] Vgl. EuGH, Urt. v. 27.9.2007, Rs. C-146/05, *Collée*, a.a.O.
[323] Vgl. BFH, Urt. v. 6.12.2007, V R 59/03, DStR 2008, 297.

C. Gutglaubensschutz

Wie im vorigen Teil dargestellt, sind die materiellen Voraussetzungen der innergemeinschaftlichen Lieferung vom Unternehmer nachzuweisen. Die diesbezüglichen deutschen Regelungen verpflichten den Unternehmer, beleg- und buchmäßige Nachweise zu führen. Für den Eintritt der Vermutungsregelung hinsichtlich des Vorliegens der Voraussetzungen der innergemeinschaftlichen Lieferung aus, einen nach § 17a I UStDV hinreichenden Belegnachweis und gemäß § 17c I UStDV genügenden Buchnachweis zu erbringen. Zweifelsohne kann der Unternehmer – insbesondere in Abholfällen – nie mit absoluter Sicherheit die Voraussetzungen der innergemeinschaftlichen Lieferung nachweisen.

Er ist in der Regel auf *Versicherungen* seines Abnehmers angewiesen. Für den Unternehmer besteht hierin das Risiko, durch seinen Abnehmer getäuscht zu werden, dadurch die materiellen Steuerbefreiungsvoraussetzungen nicht erfüllen zu können und letztlich die Umsatzsteuer selbst bezahlen zu müssen. Aus Sicht des Unternehmers sollte eine Gutglaubensschutzregelung demnach grundsätzlich dann Anwendung finden, wenn die gesetzliche Vermutungsregel des Vorliegens der materiell-rechtlichen Steuerbefreiungsvoraussetzungen durch eindeutige Beweise der Finanzverwaltung widerlegt wurde und diese Vermutung durch falsche Angaben des Abnehmers hervorgerufen worden ist. Allerdings ist es im Zweifel auch für die Finanzverwaltung schwer möglich, die materiellen Voraussetzungen der innergemeinschaftlichen Lieferung zu kontrollieren und auch sie muss demnach auf Angaben des Abnehmers vertrauen. Für sie besteht hiermit die Gefahr, die Steuerbefreiung zu gewähren, obgleich eine innergemeinschaftliche Lieferung tatsächlich nicht vorliegt, und damit einen nicht besteuerten Umsatz hinnehmen zu müssen[324].

Wie *Leitl* zutreffend beschreibt, liegt das eigentliche Problem aber darin, dass der betrügerische Abnehmer normalerweise nicht belangt werden kann, sodass das Risiko demnach nur zwischen dem liefernden Unternehmer und der Finanzverwaltung aufgeteilt werden kann[325]. Es ist mithin eine Regelung zu treffen, die einerseits den gutgläubigen Unternehmer schützt, aber andererseits auch die Interessen der Finanzverwaltung ausreichend würdigt und die so zu einer angemessenen Risikoverteilung zwischen diesen beiden führt[326].

[324] Vgl. *Leitl*, UVR 2008, 141.

[325] Vgl. *Leitl*, UVR 2008, 141. Kann indes der betrügende Abnehmer zur Rechenschaft gezogen werden, hat dieser zweifelsohne die Umsatzsteuerschuld zu tragen, wie ja auch aus § 6a IV 2 UStG deutlich wird. Vgl. dazu auch *Henze*, EU-UStB 2007, 93.

[326] Vgl. EuGH, Urt. v. 27.9.2007, Rs. C-409/04, *Teleos*, a.a.O., Rn. 58; *Nieskens*, BB 1992, Beilage 17, 13; *Theile*, UR 1993, 74; *Birkenfeld*, UR 1993, 149; *Englisch*, UR 2008, 489; *Schiessl/Krüger*, BB 2003, 1472; *Michel*, BB 2008, 1268; *Küffner/Zugmaier*, DStR 2007, 1809.

In diesem Lichte ist § 6a IV UStG zu sehen. Hat der Unternehmer demnach eine Lieferung als steuerfreie innergemeinschaftliche Lieferung behandelt, obwohl die materiellen Voraussetzungen des § 6a I UStG nicht vorliegen, so ist die Lieferung dennoch als steuerfrei zu behandeln, wenn der Unternehmer gutgläubig war. Dies ist dann der Fall, wenn die Inanspruchnahme der Steuerfreiheit auf unrichtigen Angaben des Abnehmers beruht und der Unternehmer die Unrichtigkeit der Angaben auch bei Beachtung der Sorgfalt eines ordentlichen Kaufmanns nicht erkennen konnte. In diesen Fällen geht die Steuerschuld gemäß § 6a I 2 UStG auf den Erwerber über.

I. Europarechtliche Vorgaben

1. Gutglaubensschutz

Legt die MwStSystRL schon keine expliziten Nachweisanforderungen in Bezug auf innergemeinschaftliche Lieferungen fest, so findet sich dort auch keine Regelung zum Gutglaubensschutz wieder. Jedoch hat der deutsche Gesetzgeber bereits mit der Umsetzung der Binnenmarktrichtlinie die Gutglaubensschutzregelung des § 6a IV UStG auch ohne sekundärrechtliche Vorgaben gesetzlich normiert. Die Kodifizierung erfolgte auf Drängen der Spitzenverbände der deutschen Wirtschaft, die schon mit Einführung der oben beschrieben Übergangsregelung die Gefahr für deutsche Unternehmer sah, für unrichtige Angaben des Abnehmers über dessen Steuerbefreiungseigenschaften und die daraus resultierende Versagung der Steuerbefreiung haften zu müssen[327].

Generell beruht die Regelung des § 6a IV UStG auf Art. 21 Nr. 1 lit. a i.V.m. Art. 28c Teil A der 6. EG-Richtlinie[328] und geht im Speziellen auf eine Protokollerklärung zur Ratstagung am 16.12.1991 zur 6. EG-Richtlinie in der Fassung der Binnenmarktrichtlinie[329] zurück[330]. Darin heißt es, „daß die Anwendung der Bestimmungen der Übergangsregelung auf keinen Fall zur Folge haben darf, daß die Befreiung [der innergemeinschaftlichen Lieferung] verweigert wird, wenn sich nachträglich herausstellt, daß der Erwerber materiell falsche Angaben gemacht hat, während der Steuerpflichtige die erforderlichen Maßnahmen

[327] Vgl. *Widmann* UR 1992, 261; *Theile*, UR 1993, 73; *Pump*, UStB 2007, 165.
[328] Vgl. BT-Drucks. 12/2463, 31.
[329] Vgl. A. I. 2. c).
[330] Vgl. *Schwarz*, in: P/M/W, UStG, § 6a, Rn. 229; *Husmann*, in: R/D, UStG, § 6a, Rn. 101; *Weymüller*, in: S/R, Umsatzsteuer, § 6a, Rn. 8; *Englisch*, UR 2008, 489; *Leonard*, in: Bunjes/Geist, UStG, § 6a, Rn. 46; *Vierbach/Baumgartner*, UStB 2004, 243; *Nieskens*, BB 1992, Beilage 17, 13 – dort Fn. 84; *Rokos*, UR 1992, 101; zur österreichischen Parallelregelung *Tumpel*, Mehrwertsteuer im innergemeinschaftlichen Warenverkehr, 396 f.; Schlussanträge der Generalanwältin Kokott in der Rs. C-409/04, *Teleos*, Slg. 2007, I-7797, Rn. 73; Schlussanträge des Generalanwalts Mazák in der Rs. C-271/06, *Netto Supermarkt*, BeckRS 2007 70888.

ergriffen hat, um bei Lieferungen seines Unternehmens einer inkorrekten Anwendung der MwSt-Vorschriften vorzubeugen". Aus dieser Protokollerklärung geht eindeutig die Verteilung des Betrugsrisikos hervor: Grundsätzlich soll die Steuerbefreiung trotz Nichtvorliegen einer innergemeinschaftlichen Lieferung gewährt werden. Aber nur, wenn der leistende Unternehmer alle erforderlichen Maßnahmen getroffen hat, um nicht in einen Steuerbetrug verwickelt zu werden.

Zudem hat sich der Gutglaubensschutz an sich als gemeinschaftsrechtliches Grundprinzip herauskristallisiert und lässt sich aus den Grundprinzipien der Rechtssicherheit und der Verhältnismäßigkeit ableiten[331]. Der EuGH legt ferner in seinem Urteil in der Rs. *Teleos*[332] dar, wie die allgemeinen Rechtsgrundsätze, die Neutralität der Mehrwertsteuer und die Warenverkehrsfreiheit nicht nur auf die grundsätzlichen Nachweisanforderungen der Mitgliedstaaten, sondern auch darüber hinaus, eben in Fällen des Erwerberbetrugs, anzuwenden sind. Es verstieße demnach gegen den Grundsatz der Rechtssicherheit, wenn ein Mitgliedstaat die vom Unternehmer als Nachweise für das Vorliegen der Steuerbefreiungsvoraussetzungen geforderten und auch vorgelegten Unterlagen zunächst als ausreichend akzeptiert, den Unternehmer im Nachhinein aber zur Zahlung der Mehrwertsteuer heranzieht, nachdem sich herausgestellt hat, dass eine innergemeinschaftliche Lieferung aufgrund eines vom Erwerber begangenen Betrugs tatsächlich nicht stattgefunden hat und der Unternehmer von dem Betrug weder wusste noch wissen konnte[333]. Der EuGH bezieht sich in seinem Urteil in der Rs. *Teleos* zwar nicht explizit auf das oben genannte Ratsprotokoll[334], doch wird deutlich, dass das Risiko des Erwerberbetrugs im Rahmen der Verhältnismäßigkeit zwischen leistendem Unternehmer und der Finanzverwaltung aufgeteilt werden soll[335]. Ausschließlich national agierende Unternehmer tragen aufgrund der Ausgestaltung der Mehrwertsteuer als indirekte Verbrauchsteuer in keinen Fällen die Mehrwertsteuer, sodass eine Regelung, die den betrogenen, vermeintlich innergemeinschaftlich liefernden, Unternehmer zur Zahlung der Mehrwertsteuernachzahlung in Betrugsfällen verpflichtet, nicht mit der Neutralität der Mehrwertsteuer vereinbar ist[336]. Zudem müssen die Mitgliedstaaten bei Festlegung ihrer Beweisvoraussetzungen beachten, dass sich die Steuerpflichtigen nicht mehr auf Zollbelege stützen können, die Nachweiserbringung aber nicht schwieriger ges-

[331] Siehe oben unter B. I. 4. c) cc).
[332] Vgl. EuGH, Urt. v. 27.9.2007, Rs. C-409/04, *Teleos*, a.a.O.
[333] Vgl. EuGH, Urt. v. 27.9.2007, Rs. C-409/04, *Teleos*, a.a.O., Rn. 50.
[334] Wohingegen Generalanwältin Kokott in ihren Schlussanträgen in der Rs. *Teleos* ausdrücklich das Ratsprotokoll als Auslegungshilfe verwendet, a.a.O., Rn. 73.
[335] Vgl. EuGH, Urt. v. 27.9.2007, Rs. C-409/04, *Teleos*, a.a.O., Rn. 58.
[336] Vgl. EuGH, Urt. v. 27.9.2007, Rs. C-409/04, *Teleos*, a.a.O., Rn. 59 f.

taltet werden soll, als vor Abschaffung der Grenzkontrollen. Dies würde der Binnenmarktkonzeption, die gerade den freien Warenverkehr fördern soll, widersprechen[337].

Für die deutsche Gutglaubensschutzregelung ist insbesondere das EuGH-Urteil in der Rs. *Netto Supermarkt*[338] interessant, welches auf Vorlage des BFH zurückgeht. In dieser Rs. ging es um einen Abnehmerbetrug im nichtkommerziellen Reiseverkehr. *Netto Supermarkt* erstattete die Ausfuhrumsatzsteuer in der irrigen Annahme des Vorliegens der Steuerbefreiungsvoraussetzungen. Im Nachhinein unstrittig, wurden die Waren indes nicht ins Drittland verbracht, überdies waren die als Ausführer auftretenden Privatpersonen nicht die wirklichen Abnehmer[339]. Die Voraussetzungen einer Ausfuhrlieferung lagen demnach nicht vor, doch beruhte die Inanspruchnahme der Steuerbefreiung auf – für *Netto Supermarkt* nicht erkennbar[340] – unrichtigen Angaben und Fälschungen der vermeintlichen Abnehmer. Eine § 6a IV UStG entsprechende Regelung zum Gutglaubensschutz für Ausfuhrlieferungen besteht nicht, sodass sich *Netto Supermarkt* nicht auf eine kodifizierte Gutglaubensschutzregelung berufen konnte. Dennoch stellte der EuGH wie auch schon in der Rs. *Teleos* fest, dass es mit dem Grundsatz der Verhältnismäßigkeit nicht vereinbar sei, wenn der Unternehmer die gesamte Verantwortung für einen Abnehmerbetrug tragen müsse[341]. Ferner verstoße es gegen den Grundsatz der Rechtssicherheit, wenn die geforderten Nachweise zunächst akzeptiert wurden, die Steuerbefreiung aber im Nachhinein wegen Abnehmerbetrugs, von dem der Lieferer nicht wusste und nicht wissen konnte, versagt wird[342]. Beachtenswert an diesem Urteil ist, dass der EuGH die Gutglaubensschutzregelung des zu innergemeinschaftlichen Lieferungen ergangenen § 6a IV UStG analog auf Ausfuhrlieferungen anwendet. Ferner stellt der EuGH schlüssig dar, dass der Unternehmer die Sorgfalt eines ordentlichen Kaufmanns dann beachtet hat, wenn er alle ihm zumutbaren Maßnahmen ergriffen hat, dass sein Umsatz nicht zu einer Beteiligung an einer Steuerhinterziehung führt und er von dem vom Abnehmer begangen Betruges weder Kenntnis hatte noch haben konnte[343].

---

337 Vgl. EuGH, Urt. v. 27.9.2007, Rs. C-409/04, *Teleos*, a.a.O., Rn. 62 f.
338 Vgl. EuGH, Urt. v. 21.2.2008, Rs. C-271/06, *Netto Supermarkt*, a.a.O.
339 Vgl. EuGH, Urt. v. 21.2.2008, Rs. C-271/06, *Netto Supermarkt*, a.a.O., Rn. 7 ff.
340 Im Übrigen bestätigte das zuständige Hauptzollamt die zunächst Richtigkeit der Ausfuhrbelege und konnte erst bei einer weiteren Prüfung die Falschheit erkennen.
341 Vgl. EuGH, Urt. v. 21.2.2008, Rs. C-271/06, *Netto Supermarkt*, a.a.O., Rn. 23.
342 Vgl. EuGH, Urt. v. 21.2.2008, Rs. C-271/06, *Netto Supermarkt*, a.a.O., Rn. 26.
343 Vgl. EuGH, Urt. v. 21.2.2008, Rs. C-271/06, *Netto Supermarkt*, a.a.O., Rn. 24 ff.

Die EuGH-Entscheidungen in den Rs. *Teleos*[344] und *Netto Supermarkt*[345] zusammenfassend, lässt sich feststellen, dass es die allgemeinen und umsatzsteuerlichen Rechtsgrundsätze verbieten, dem Unternehmer das alleinige Risiko eines Erwerberbetrugs aufzulasten[346]. Dieses ist verhältnismäßig zwischen dem leistenden Unternehmer und der Finanzverwaltung aufzuteilen. Dabei ist insbesondere zu beachten, dass es zwar legitim ist, dass der Staat wirksam seine Ansprüche schützt, der Unternehmer allerdings als Steuereinsammler des Staates fungiert und es demnach unverhältnismäßig wäre, ihm das gesamte Risiko des Steuerausfalls aufzubürden[347], denn letztlich soll alleine der private Endverbraucher mit Umsatzsteuer belastet werden[348]. Eine solche Regelung soll freilich nicht den, nur in begrenztem Maße schutzwürdigen, „schlampigen" Unternehmer schützen[349], sondern nur jenen, der alles Erforderliche und Zumutbare getan hat, dass sein Umsatz nicht in einen Steuerbetrug verwickelt wird und dessen Beteiligung am Betrug ausgeschlossen ist. Hat der Unternehmer die geforderten Sorgfaltspflichten erfüllt, geht das Steuerausfallrisiko auf die Finanzverwaltung über.

Wurde im Vorfeld der dargestellten EuGH-Urteile kritisch über die Gutglaubensschutzregelung des § 6a IV UStG diskutiert und gar die ersatzlose Streichung gefordert[350], kann daran angesichts der vom EuGH schlüssig dargelegten Vorgaben an nationales Umsatzsteuerrecht nicht mehr festgehalten werden. Dennoch sei kurz auf die vertretenen Argumentationen eingegangen. *Pump*[351] ist der Ansicht, dass im Bestehen einer lediglich in Deutschland und Österreich[352] normierten Gutglaubensschutzregelung eine Verletzung europa- und umsatzsteuerrechtlicher Grundprinzipien besteht. Er sieht insofern eine Wettbewerbsverzerrung und einen Verstoß gegen den Neutralitätsgrundsatz der Mehrwertsteuer, als es ausschließlich deutschen und österreichischen Unternehmern möglich sei, ihre Lieferungen bei Beachtung der Sorgfaltspflichten „risikolos ohne umsatzsteuerliche Belastung tätigen zu können". Zweifelsohne handelt sich hierbei um eine Privilegierung der genannten Lieferanten. Doch stellt gerade der EuGH in seinen jüngst zu dieser Problematik

344 Vgl. EuGH, Urt. v. 27.9.2007, Rs. C-409/04, *Teleos*, a.a.O.
345 Vgl. EuGH, Urt. v. 21.2.2008, Rs. C-271/06, *Netto Supermarkt*, a.a.O.
346 So auch *Winter*, UR 2007, 885; *Rüth*, UStB 2006, 73.
347 Vgl. *Rüth*, UStB 2006, 73.
348 Vgl. *Nieskens*, EU-UStB 2008, 57.
349 Vgl. *Rüth*, UStB 2006, 73.
350 Vgl. Bericht des Bundesrechnungshofs, BT-Drucks. 15/1495, 3; *Pump*, UStB 2007, 166; für die derzeitige Regelung zustimmend *Ammann*, UR 2005, 536; auf die Abschaffungsabsicht hinweisend *Kraeusel*, Zukunft der Umsatzsteuer, 319.
351 Vgl. *Pump*, UStB 2007, 167.
352 Vgl. Fn. 189.

ergangenen Urteilen[353] dar, dass es, wie oben ausführlich dargestellt, nicht mit den europarechtlichen und umsatzsteuerrechtlichen Grundsätzen vereinbar ist, wenn ein gutgläubiger Unternehmer nachträglich mit Umsatzsteuer belastet wird. Unabhängig vom Bestehen einer *gesetzlichen* Gutglaubensschutzregelung sind angesichts dieser Rechtsprechung auch die anderen Mitgliedstaaten aufgefordert, zumindest im Wege einer Verwaltungsanweisung, dem gutgläubigen Unternehmer ausreichend Schutz vor einem unredlichen Abnehmer zu gewähren.

Leitl ist darüber hinaus gar der Ansicht, dass die Unattraktivität der innergemeinschaftlichen Lieferung, im Vergleich zu einer nationalen Transaktion, nicht in den Nachweiserfordernissen an sich liegt, sondern im latenten Risiko, das Steuerausfallrisiko im Falle eines Erwerberbetrugs tragen zu müssen. Im Fehlen einer in der MwStSystRL geregelten Vertrauensschutzregelung sieht er darin eine Beschränkung der Warenverkehrsfreiheit[354].

Abschließend ist somit festzuhalten, dass eine Gutglaubensschutzregelung im Allgemeinen gemeinschaftsrechtlich gefordert wird[355] und im Speziellen an den dargestellten Rechtsgrundsätzen auszulegen ist[356].

2. Umkehr der Steuerschuldnerschaft

Der Übergang der Steuerschuld fußt auf den Ausführungen der 6. EG-Richtlinie zum sog. Reverse-Charge-Verfahren[357] und ergibt sich in Fällen, in denen der Erwerber seinen vertraglichen Verpflichtungen nicht nachkommt, bereits aus den mehrwertsteuerlichen Rechtsgrundsätzen[358]. Wird demnach die, aufgrund unrichtiger Angaben des Abnehmers, fälschlicherweise als innergemeinschaftliche Lieferung bezeichnete Lieferung gemäß § 6a IV 1 UStG dennoch als steuerfrei behandelt, schuldet der Erwerber die Umsatzsteuer. Wird die Steuerbefreiung trotz Nichtvorliegen der materiell-rechtlichen Befreiungsvorausset-

[353] Vgl. EuGH, Urt. v. 27.9.2007, Rs. C-409/04, *Teleos*, a.a.O., Rn. 68; EuGH, Urt. v. 21.2.2008, Rs. C-271/06, *Netto Supermarkt*, a.a.O., Rn. 29.

[354] Vgl. *Leitl*, UVR 2008, 147, der ausführt, dass ein derartiger Zustand nicht gerade förderlich für einen Binnenmarkt ist. Für Deutschland kann dies zunächst angesichts einer Gutglaubensschutzregelung offen bleiben.

[355] *Saß*, JbFSt 2004/2005, 542 ist demnach nicht zu folgen, der die Gutglaubensschutzregelung des § 6a IV UStG als „Kröte" bezeichnet, die der Gesetzgeber notwendiger weise zu schlucken hatte und eine EG-Rechtswidrigkeit dieser Regelung allein deshalb sieht, weil der Begriff des Gutglaubensschutzes nicht in der damals gültigen 6. EG-Richtlinie vorkommt.

[356] Vgl. *Englisch*, UR 2008, 489; *Leitl*, UVR 2008, 147; *Nieskens*, EU-UStB 2008, 57.

[357] Art. 21 Nr. 1 lit. a der 6. EG-Richtlinie, mittlerweile Art. 194 ff. MwStSystRL; vgl. BT-Drucks. 12/2463, 31; *Theile*, UR 1993, 73; *Husmann*, in: R/D, UStG, § 6a, Rn. 111; *Bülow*, in: Vogel/Schwarz, § 6a, Rn. 63; a.A. *Tumpel*, Mehrwertsteuer im innergemeinschaftlichen Warenverkehr, 397, wonach der Abnehmer gemäß der 6. EG-Richtlinie allenfalls gesamtschuldnerisch hafte.

[358] Vgl. EuGH, Urt. v. 27.9.2007, Rs. C-409/04, *Teleos*, a.a.O., Rn. 67; *Englisch*, UR 2008, 481 – dort Fn. 99.

zungen gewährt, liegt prinzipiell ein Systembruch des gemeinschaftlichen Mehrwertsteuersystems vor, insofern als der innergemeinschaftlichen Lieferung kein spiegelbildlicher innergemeinschaftlicher Erwerb gegenübersteht und es demnach ohne entsprechende Ausgleichsregel zu einem unversteuerten Letztverbrauch käme[359]. Eben diesen gilt es unter allen Umständen zu verhindern, sodass in diesen Fällen der Abnehmer den Gegenstand im Status eines Privaten erwirbt, mithin das Ursprungslandprinzip Anwendung findet, es so grundsätzlich zu einer Besteuerung kommt und die Systematik des gemeinschaftlichen Mehrwertsteuersystems wieder hergestellt wird[360], ohne den liefernden Unternehmer zu belasten[361].

II. Gutglaubensschutzregelung des deutschen Umsatzsteuergesetzes

Der deutsche Gesetzgeber hat schon mit Umsetzung der Binnenmarktrichtlinie eine Gutglaubensregelung in § 6a IV UStG getroffen, die allerdings nicht auf sekundärrechtlichen Vorgaben beruht und sich demnach an den gemeinschaftsrechtlichen Vorgaben messen lassen muss. Doch kann § 6a IV UStG diese Vorgaben erfüllen?

1. Voraussetzungen der Gutgläubigkeit

a) Verletzung des Tatbestands nach § 6a I UStG

Die Gutglaubensschutzregelung des § 6a IV UStG kommt nach dem eindeutigen Wortlaut nur dann in Frage, wenn die materiell-rechtlichen Tatbestandsvoraussetzungen der innergemeinschaftlichen Lieferung nach § 6a I UStG nicht vorliegen. Sind die Voraussetzungen jedoch gegeben und wurde die Steuerbefreiung ausschließlich aufgrund formeller Nachweismängel verweigert, fand § 6a IV UStG bisher keine Anwendung[362]. Diese Problematik hat sich letztlich durch die Rechtsprechung des EuGH in der Rs. *Collée*[363] erledigt. Für die Frage des Gutglaubensschutzes nach § 6a IV UStG stehen insbesondere die Voraussetzungen unter besonderem Licht, bei denen der Unternehmer auf Angaben seines Abnehmers vertrauen muss. Dies sind die Unternehmereigenschaft des Abnehmers, die Verwendung des Liefergegenstandes für dessen Unternehmen und die Versendung oder Beförderung durch den Abnehmer in übriges Gemeinschaftsgebiet[364]. Bei Überprüfung dieser Angaben

---

[359] Vgl. *Rokos*, UR 1992, 101; *Husmann*, in: R/D, UStG, § 6a, Rn. 111; *Bülow*, in: Vogel/Schwarz, § 6a, Rn. 62; a.A. *Tumpel*, Mehrwertsteuer im innergemeinschaftlichen Warenverkehr, 396.
[360] Vgl. *Theile*, UR 1993, 73.
[361] Vgl. *Rokos*, UR 1992, 101.
[362] Vgl. *Wäger*, UStB 2004, 209.
[363] Vgl. EuGH, Urt. v. 27.9.2007, Rs. C-146/05, *Collée*, a.a.O.
[364] Vgl. *Kraeusel*, JbFSt 2004/2005, 541; *ders.*, UR 2005, 190.

muss der liefernde Unternehmer die Sorgfalt eines ordentlichen Kaufmanns walten lassen, um sich auf die Gutglaubensschutzregelung des § 6a IV UStG berufen zu können.

b) Sorgfalt eines ordentlichen Kaufmanns

Ziel einer Gutglaubensschutzregelung ist es, eine angemessene Risikoverteilung zwischen Unternehmern und Finanzverwaltung zu gewährleisten[365]. Zunächst ruht das Risiko, die durch den Erwerberbetrug entgangene Steuer zu tragen, auf den Schultern des Unternehmers. Erst wenn er den Sorgfaltspflichten eines ordentlichen Kaufmanns in Bezug auf die Prüfung der Abnehmerangaben genüge getan hat und dies nachweisen kann[366], entledigt er sich dieses Risikos. Demnach kann die Gutglaubensschutzregelung auch nicht als „Freibrief" für den Unternehmer angesehen werden[367]. Auch der Auffassung, dass sich der Unternehmer nur dann auf Gutglaubensschutz berufe, wenn er „nachträgliche Hilfe wegen eigener Versäumnisse beim Buch- oder Belegnachweis, wegen eigener Sorgfaltspflichtverletzungen oder wegen anderer Fehler"[368] benötige, ist nicht zu folgen. Die Frage des Gutglaubensschutzes tritt gerade erst ein, wenn unrichtige Angaben des Abnehmers vorliegen *und* Sorgfaltspflichten *beachtet* wurden.

aa) Handelsrechtliche Auslegung

Die Sorgfalt eines ordentlichen Kaufmanns wird im deutschen Handelsrecht in § 347 HGB normiert. Es liegt demnach auf der Hand, auch für § 6a IV UStG den Sorgfaltsmaßstab des § 347 HGB anzuwenden[369]. *Schuhmann* und *Theile* sind indessen der Ansicht, man könne zur Auslegung des § 6a IV UStG nicht ohne Weiteres auf § 347 HGB rekurrieren, da nicht jeder Leistungsaustausch des Umsatzsteuerrechts ein Handelsgeschäft i.S.d. HGB darstelle und sich aus dem Wortlaut des § 347 HGB nicht entnehmen lasse, dass der umsatzsteuerliche Unternehmer Sorgfaltspflichten gegenüber der Finanzverwaltung einzuhalten habe[370]. Zutreffend wird von *Schuhmann* ausgeführt, dass sich der umsatzsteuerliche Unternehmerbegriff ausschließlich aus § 2 UStG ableiten lasse und demnach durch § 6a IV UStG kein eigener Unternehmerbegriff eingeführt werden sollte[371].

---

[365] Siehe dazu am Anfang dieses Teils C.
[366] Vgl. *Pump*, UStB 2007, 74.
[367] Vgl. *Pump*, UStB 2007, 74; Widmann, UR 1992, 261.
[368] Vgl. *Pump*, UStB 2007, 74.
[369] Vgl. *Englisch*, UR 2008, 489; *Schiessl/Krüger*, BB 2003, 1469; *Leonard*, in: Bunjes/Geist, UStG, § 6a, Rn. 47.
[370] Vgl. *Schuhmann*, UVR 1993, 302; *Theile*, UR 1993, 75 f.
[371] Vgl. *Schuhmann*, UVR 1993, 302.

Nach Auffassung des Verfassers soll durch die Verwendung des Begriffes „Sorgfalt eines ordentlichen Kaufmanns“ lediglich verdeutlicht werden, dass für sämtliche umsatzsteuerliche Unternehmer, mithin auch Nicht-Kaufmänner, für die Frage des Gutglaubensschutzes ein *strengerer Maßstab*, nämlich eben der Maßstab des HGB, anzuwenden ist[372]. Dies wird vielmehr verdeutlicht durch die Verwendung des Wortes „auch“ in § 6a IV 1 UStG. So wird demnach Gutgläubigkeit des Unternehmers bejaht (selbst wenn er kein Kaufmann i.S.d. HGB ist), wenn die unrichtigen Angaben des Abnehmers nicht zu erkennen waren, sofern der leistende Unternehmer – *auch* als Nicht-Kaufmann – die Sorgfalt eines ordentlichen Kaufmanns angewendet hätte.

Es wird damit klar, dass der Sorgfaltsbegriff des § 6a IV *typisierend* auszulegen ist und es damit nicht auf die subjektiven, persönlichen Fähigkeiten und Kenntnisse des Unternehmers, sondern auf objektive Merkmale ankommt[373]. Letztlich ist festzustellen, dass sich die Anforderungen an den Sorgfaltsmaßstab des § 6a IV UStG von denen der Nachweiserbringung des § 6a III i.V.m. § 17a ff. UStDV unterscheidet. Hat der Unternehmer für die Frage der Steuerbefreiung bzw. des Eintretens der Vermutungswirkung lediglich die Steuerbefreiungsvoraussetzungen nachzuweisen, sind an den Sorgfältigkeitsmaßstab *höhere Anforderungen* zu stellen.

bb) Gemeinschaftsrechtliche Auslegung

In seiner Entscheidung zur Rs. *Teleos* führt der EuGH aus, dass zur Vermeidung von Steuerhinterziehung hohe Anforderungen an den Steuerpflichtigen gestellt werden können, sich die Risikoverteilung zwischen Steuerpflichtigen und Finanzverwaltung aber im Rahmen der Verhältnismäßigkeit bewegen muss[374]. Durch die Rekurrierung auf § 347 HGB werden auch an den nicht-kaufmännischen Unternehmen hohe Anforderungen gestellt, die im gemeinschaftsrechtlichen Sinne so auszulegen sind, dass der Unternehmer alle ihm *zur Verfügung stehenden* und *zumutbaren Maßnahmen* zu ergreifen hat, damit sein innergemeinschaftlicher Umsatz nicht zu einer Beteiligung an einer Steuerhinterziehung führt[375].

Im Grundsatz bewegt sich diese Pflicht im Rahmen der gebotenen Verhältnismäßigkeit und den weiteren Rechtsgrundsätzen, doch ist für die Frage der Erforderlichkeit und Zu-

[372] Letztlich wohl ders.A., aber differenzierter *Schuhmann*, UVR 1993, 302; *Theile*, UR 1993, 75 f.
[373] Vgl. *Schwarz*, in: P/M/W, UStG, § 6a, Rn. 232 f.; a.A. *Tumpel*, Mehrwertsteuer im innergemeinschaftlichen Warenverkehr, 399.
[374] Vgl. EuGH, Urt. v. 27.9.2007, Rs. C-409/04, *Teleos*, a.a.O., Rn. 58.
[375] Vgl. EuGH, Urt. v. 27.9.2007, Rs. C-409/04, *Teleos*, a.a.O., Rn. 66.

mutbarkeit der Maßnahmen auf die Einzelheiten eines jeden Umsatzes[376] sowie die individuelle Besonderheit der jeweiligen zugrunde liegende Geschäftsbeziehung[377] abzustellen. Bei Überprüfung des Sorgfaltsmaßstabes ist dementsprechend insbesondere zu achten auf risikobehaftete Geschäfte[378], Dauer und Intensität der bisherigen Geschäftsbeziehung[379], öffentlichen Bekanntheitsgrad des Abnehmers[380], beteiligte Personen[381], besondere Verhältnisse und Betrugsanfälligkeit der jeweiligen Berufs- und Gewerbezweige[382], Wert und Volumen der getätigten Umsätze[383], Art der gelieferten Gegenstände[384], Besonderheit[385] und Art der Abwicklung[386] des Geschäfts.

2. Verhältnis der Gutgläubigkeit zu den Nachweispflichten

a) Inhaltliche Richtigkeit der Nachweise keine Voraussetzung

Wie der EuGH in der Rs. *Teleos* zutreffend darstellt, hat der Unternehmer Nachweise zu erbringen, die dem ersten Anschein nach die Steuerbefreiungsvoraussetzungen einer innergemeinschaftlichen Lieferung belegen[387]. Erbringt der Unternehmer keinerlei entsprechende Nachweise, kann zunächst davon ausgegangen werden, dass keine innergemeinschaftliche Lieferung vorliegt[388]. In solchen Fällen kann auch kein Gutglaubensschutz eintreten[389]. Erst wenn die durch die Nachweiserbringung entstehende Vermutungswirkung von den Finanzbehörden widerlegt wird, stellt sich die Frage des Gutglaubensschutzes[390].

Dennoch besteht kein unmittelbarer Zusammenhang zwischen den formellen Nachweisen und dem Gutglaubensschutz. Während die Nachweispflichten lediglich in formeller Art

376 Vgl. *Englisch*, UR 2008, 489; *Pump*, UStB 2007, 73; *Tumpel*, Mehrwertsteuer im innergemeinschaftlichen Warenverkehr, 400; wohl ders.A. *Schwarz*, in: P/M/W, UStG, § 6a, Rn. 19g.

377 Vgl. *Schiessl/Krüger*, BB 2003, 1469.

378 Vgl. *Tumpel*, Mehrwertsteuer im innergemeinschaftlichen Warenverkehr, 400; *Schwarz*, in: P/M/W, UStG, § 6a, Rn. 234.

379 Vgl. *Tumpel*, Mehrwertsteuer im innergemeinschaftlichen Warenverkehr, 400; *Englisch*, UR 2008, 490; *Schwarz*, in: P/M/W, UStG, § 6a, Rn. 237.

380 Vgl. *Tumpel*, Mehrwertsteuer im innergemeinschaftlichen Warenverkehr, 400.

381 Vgl. *Schwarz*, in: P/M/W, UStG, § 6a, Rn. 236d.

382 Vgl. *Husmann*, in: R/D, UStG, § 6a, Rn. 103; *Englisch*, UR 2008, 490; *Schwarz*, in: P/M/W, UStG, § 6a, Rn. 233a; a.A. *Theile*, UR 1993, 76; *Schuhmann*, UVR 1993, 302, nach denen die Gleichmäßigkeit der Besteuerung missachtet würde.

383 Vgl. *Englisch*, UR 2008, 490, *Henze*, EU-UStB 2007, 92.

384 Vgl. *Englisch*, UR 2008, 490; *Schwarz*, in: P/M/W, UStG, § 6a, Rn. 236d.

385 Vgl. *Tumpel*, Mehrwertsteuer im innergemeinschaftlichen Warenverkehr, 400.

386 Vgl. BFH, Urt. v. 15.7.2004, V R 1/04, UR 2005, 212; *Schwarz*, in: P/M/W, UStG, § 6a, Rn. 236d.

387 Vgl. EuGH, Urt. v. 27.9.2007, Rs. C-409/04, *Teleos*, a.a.O., Rn. 68.

388 Siehe B. III. 1 b) bb).

389 Vgl. *Wäger*, UStB 2004, 209, der zwar ausführt, dass die Nachweispflichten nicht tatsächlich erfüllt sein müssen, die Sorgfalt es aber erfordere, die „Steuerbefreiung nur dann in Anspruch zu nehmen, wenn die erforderlichen Belege der Art nach vorliegen und entsprechende Aufzeichnungen der Art nach geführt werden".

390 Vgl. EuGH, Urt. v. 27.9.2007, Rs. C-409/04, *Teleos*, a.a.O., Rn. 68.

und Weise die materiell-rechtlichen Voraussetzungen der innergemeinschaftlichen Lieferung belegen, werden durch den Gutglaubenschutz die gerade nicht vorhandenen materiell-rechtlichen Tatbestände ersetzt[391]. Würde demnach vorausgesetzt, dass der Unternehmer zunächst *inhaltlich richtige* Nachweise erbringen müsste, um gutgläubig zu sein, würde eine Gutglaubensschutzregelung ins Leere laufen[392]. Allerdings entfalten die Nachweise mittelbare Wirkung auf den Gutglaubensschutz, insofern als sie Indiz dafür sein können, ob der Unternehmer die Angaben seines Abnehmers unter Beachtung der erforderlichen Sorgfalt überprüft hat[393].

b) Vollumfängliche Erfüllung der §§ 17a ff. UStDV keine Voraussetzung

In ständiger Rechtsprechung wird vom BFH die Auffassung vertreten, die Frage nach etwaigem Gutglaubensschutz träte erst ein, „wenn der Unternehmer seinen Nachweispflichten nach §§ 17a ff. UStDV vollständig nachgekommen ist“[394]. Würde man den Sorgfaltsmaßstab des § 6a IV UStG eng auslegen, könnte man durchaus derselben Ansicht sein[395]. Der innergemeinschaftlich tätige Unternehmer muss von seinen Pflichten wissen, die Nachweise gemäß der Kataloganforderungen nach §§ 17a ff. UStDV erbringen zu müssen. Missachtet er diese Pflicht, aus welchen Gründen auch immer, und macht den Fiskus auf diesen Mangel nicht aufmerksam, müsste man ihm streng genommen, die Sorgfalt eines ordentlichen Kaufmannes abstreiten.

Angesichts der EuGH-Rechtsprechung in der Rs. *Collée*[396] kann man an dieser, in Bezug auf die Nachweispflichten stringenten Auslegung des Sorgfaltsmaßstabes nicht mehr festhalten. Ist es demnach dem Unternehmer möglich, die materiell-rechtlichen Steuerbefreiungsvoraussetzungen auch entsprechend der in §§ 17a ff. UStDV dargestellten Weise nachzuweisen, kann man ihm im Nachhinein diesen scheinbaren Mangel nicht zum Vorwurf machen.

---

[391] Vgl. *Englisch*, UR 2008, 490.
[392] Vgl. *Wäger*, UStB 2004, 209 f.
[393] Vgl. *Englisch*, UR 2008, 490; wohl darüber hinausgehender Ansicht *Michel*, BB 2008, 1269.
[394] Vgl. BFH, Urt. v. 15.7.2004, V R 1/04, UR 2005, 212; BFH, Beschl. v. 9.11.2006, V B 131/05, BFH/NV 2007, 284; BFH, Urt. v. 8.11.2007, V R 26/05, DStR 2008, 821.
[395] Vgl. *Schwarz*, in: P/M/W, UStG, § 6a, Rn. 230a; *Husmann*, in: R/D, UStG, § 6a, Rn. 104; *Bülow*, in: Vogel/Schwarz, § 6a, Rn. 52 und 58; *Weymüller*, in: S/R, Umsatzsteuer, § 6a, Rn. 85; Winter, UR 2007, 885; *Pump*, UStB 2007, 75; *ders.*, UStB 2007, 165; *Michel*, BB 2008, 1269; *Abbas/Slotty-Harms*, UVR 2006, 217; *Vierbach/Baumgartner*, UStB 2004, 241; *Klünemann*, UStB 2002, 345; *Nieskens*, EU-UStB 2008, 58; wohl auch *Küffner/Zugmaier*, DStR 2007, 1808.
[396] Vgl. EuGH, Urt. v. 27.9.2007, Rs. C-146/05, *Collée*, a.a.O.

Dennoch ist darauf hinzuweisen, dass im Grundsatz an die Kriterien des § 6a IV UStG höhere Maßstäbe anzusetzen sind, als an die Anforderungen des § 6a III UStG i.V.m. §§ 17a ff. UStDV. Nur ist eben eine unmittelbare Verknüpfung zwischen Nachweispflichten gem. §§ 17a ff. UStDV und Gutglaubensschutz nach § 6a IV UStDV zu verneinen. Am Beispiel der USt-IdNr. sei dies nochmals verdeutlicht. Hat der Unternehmer gemäß § 17c I 1 UStDV die USt-IdNr. seines Abnehmers aufgezeichnet, hat er diesbezüglich die Buchnachweispflicht erfüllt; eine qualifizierte Abfrage kann unterbleiben. Die Vermutungswirkung für das Vorliegen der Steuerbefreiungsvoraussetzungen tritt insoweit ein. Widerlegt die Finanzverwaltung allerdings die Angaben und stellt sich dann die Frage des Gutglaubensschutzes nach § 6a IV UStG, hat der Unternehmer seinen Sorgfaltspflichten nur genüge getan, wenn er vor Ausführung der Lieferung eine qualifizierte Abfrage zur Verifikation der Abnehmerangaben durchgeführt hat und dies nachweisen kann. Hierin zeigt sich die Komplexität des Zusammenspiels zwischen diesen jeweils eigenständigen Regelungen[397] der Nachweispflichten einerseits und dem Gutglaubensschutz andererseits. Hat der Unternehmer zwar seine Nachweispflichten nach § 6a III UStG i.V.m. §§ 17a ff. USTDV erfüllt, bedeutet dies nicht gleichzeitig, dass er auch den Sorgfaltsmaßstab des § 6a IV UStG erreicht hat.

Zusammenfassend lässt sich demnach feststellen, dass die Nachweispflichten entsprechend §§ 17a ff. UStDV *notwendige*, aber *keinesfalls hinreichende* Voraussetzungen für die Erfüllung des Sorgfaltskriteriums nach § 6a IV UStG darstellen. Wie sich der Sorgfaltsmaßstab im Einzelnen bemisst, sei im Folgenden dargestellt.

3. Sorgfalt in Bezug auf die materiell-rechtlichen Voraussetzungen

Zunächst sei aber der Vollständigkeit halber klar gestellt, dass bei einer Beteiligung an einer Steuerhinterziehung, bspw. durch kollusives Zusammenwirken mit dem unredlichen Abnehmer, die Gutglaubensschutzregelung zweifellos keine Anwendung findet[398]. Kann dies seitens der Finanzverwaltung *eindeutig* bewiesen werden, stellt sich erst gar nicht die Frage der Erfüllung der Sorgfaltspflicht. Ebenso wenig, wenn der Unternehmer davon wusste, dass die Voraussetzungen einer innergemeinschaftlichen Lieferung nicht vorliegen[399].

[397] Vgl. *Wäger*, UStB 2004, 209; *Englisch*, UR 2008, 490.
[398] Vgl. EuGH, Urt. v. 27.9.2007, Rs. C-409/04, *Teleos*, a.a.O., Rn. 68.
[399] Vgl. BFH, Beschl. v. 6.10.2005, V B 140/05, UR 2006, 403.

a) Körperliches Verbringen in übriges Gemeinschaftsgebiet

Wie sich der Unternehmer unter Beachtung der nach § 6a IV UStG gebotenen Sorgfalt der Verbringung des Liefergegenstandes in übriges Gemeinschaftsgebiet vergewissern muss, scheint fraglich. Wie bereits mehrfach verdeutlicht, kann es vor allem in Abholfällen keinen stichhaltigen Beweis geben[400]. Vor-Ort-Recherchen, ob der Gegenstand tatsächlich in übriges Gemeinschaftsgebiet gelangt ist, sind zweifelsohne nicht verhältnismäßig. Allerdings hat der Unternehmer bereits im Rahmen seiner Nachweispflicht gemäß §§ 17a I, 17c I UStDV beweiskräftige Nachweise vorzubringen, um zumindest *prima facie* die Steuerbefreiungsvoraussetzungen nachzuweisen zu können[401]. Unstrittig hat der Unternehmer seine Sorgfaltspflichten verletzt, wenn er auf mündliche Zusagen seines Abnehmers vertraut, dass dieser den Gegenstand in übriges Gemeinschaftsgebiet verbringe[402]. Der Verbringensnachweis muss, abgesehen von der Schriftform, nicht genau den Vorgaben der §§ 17a II, IV und 17c II UStDV entsprechen, sondern kann sich auch aus anderen Belegen ergeben. So stellt sich die Frage der Sorgfältigkeit erst, wenn der Unternehmer zumindest entsprechende[403] Nachweise vorlegen kann[404].

Grundsätzlich kann der Unternehmer auf die Angaben seines Abnehmers vertrauen. Gab es allerdings Anlass, an der Richtigkeit des Beleges zu zweifeln, sind gemäß den oben dargestellten Prinzipien weitere Nachforschungen zu unternehmen.

b) Unternehmereigenschaft des Abnehmers

Eine steuerbefreite innergemeinschaftliche Lieferung liegt des Weiteren nur dann vor, wenn der Abnehmer Unternehmer ist (§ 6a I 1 Nr. 2 lit. a UStG). Demnach steht außer Zweifel, dass der Unternehmer den Sorgfaltspflichten nur genügt, wenn er sich der Identität seines Abnehmers und dessen Unternehmereigenschaft vergewissert. Verwendet der Leistungsempfänger eine USt-IdNr., kann der liefernde Unternehmer im Regelfall von der Unternehmereigenschaft[405] des Abnehmers ausgehen[406]. Die Identität des Abnehmers er-

---

[400] Vgl. dazu auch nochmals die Ausführungen zur Rn. 51 des EuGH-Urteils in der Rs. *Teleos*, siehe oben unter B. III. 2. b) aa) und dort Fn. 245.

[401] Siehe oben unter B. III. 1.

[402] Vgl. *Weymüller*, in: S/R, Umsatzsteuer, § 6a, Rn. 85 und obige Ausführungen zur Form der Nachweise unter B. III. 2. c) aa).

[403] Vgl. *Schwarz*, in: P/M/W, UStG, § 6a, Rn. 236a; a.A. *Wäger*, UStB 2004, 209, der ausdrücklich eine Abnehmerversicherung nach § 17a II Nr. 4 UStDV fordert.

[404] Vgl. *Englisch*, UR 2008, 491; *Henze*, EU-UStB 2007, 93.

[405] Die im Übrigen anhand § 2 UStG zu bestimmen ist; vgl. *Leonard*, in: Bunjes/Geist, UStG, § 6a, Rn. 13.

[406] Vgl. *Jakob*, Umsatzsteuer, Rn. 646; *Tumpel*, Mehrwertsteuer im innergemeinschaftlichen Warenverkehr, 401; *Stadie*, Umsatzsteuerrecht, Rn. 10.47; *Leonard*, in: Bunjes/Geist, UStG, § 6a, Rn. 13; *Schwarz*, in: P/M/W, UStG, § 6a, Rn. 237; *Weymüller*, in: S/R, Umsatzsteuer, § 6a, Rn. 27; *Bülow*, in: Vogel/Schwarz,

gibt sich regelmäßig aus den dem Umsatz zu Grunde liegenden zivilrechtlichen Vereinbarungen[407]. Diese Angaben hat der Unternehmer zumindest anhand einschlägiger und gebräuchlicher Ausweisdokumente und evtl. Handelsregisterauszügen zu überprüfen sowie zu dokumentieren und auf Übereinstimmung mit dessen USt-IdNr. abzugleichen[408]. Demnach ist zumindest bei erstmaliger Geschäftsanbahnung[409] oder bestehenden Zweifeln an der Richtigkeit des Geschäfts bzw. an der Gültigkeit der verwendeten USt-IdNr. eine qualifizierte Abfrage der USt-IdNr. gemäß § 18e Nr. 1 UStG[410] vorzunehmen[411].

Zweifel an der Richtigkeit des Geschäfts und damit die Pflicht, weitere Nachforschungen anzustellen, könnten sich bspw. ergeben, wenn der schriftliche Besteller nicht mit dem Rechnungsadressaten übereinstimmt oder verschiedene Firmenbezeichnungen verwendet werden[412]. Allerdings ist es nicht möglich und auch nicht gewollt, einen genauen Katalog festzulegen, der alle möglichen Zweifel enthält. Letztlich ist immer der Einzelfall entscheidend.

In der Praxis wird ebenfalls häufig die Frage aufkommen, in welcher Häufigkeit die qualifizierte Abfrage durchzuführen ist. Unverhältnismäßig und unzumutbar ist es sicherlich bei dauerhaftem und bisher problemlosem Geschäftskontakt zu verlangen, bei jedem sich anbahnenden Geschäft eine solche Abfrage durchzuführen[413], sofern keine Unregelmäßigkeiten zu erkennen sind. Doch muss es dem Unternehmer wohl zugemutet werden können, sich die Gültigkeit der USt-IdNr. wenigstens einmal pro Quartal mittels qualifizierter Abfrage versichern zu lassen.

In Abholfällen durch einen Bevollmächtigten wird, zumindest bei Abholung durch einen Unbekannten, die gebotene Sorgfalt auch nur gewahrt, wenn der Unternehmer sowohl die

§ 6a, Rn. 19; *Kraeusel*, UR 2005, 189; *Hemmelrath/Busch*, BB 1992, 2192; *Vierbach/Baumgartner*, UStB 2004, 241; *Englisch*, UR 2008, 488.

[407] Vgl. BFH, Urt. v. 8.11.2007, V R 26/05, DStR 2008, 820; *Leonard*, in: Bunjes/Geist, UStG, § 6a, Rn. 13.

[408] Vgl. *Tumpel*, Mehrwertsteuer im innergemeinschaftlichen Warenverkehr, 400.

[409] Vgl. *Lehr*, DStR 2005, 587.

[410] Zum Begriff der qualifizierten Abfrage vgl. A. II.

[411] Vgl. *Englisch*, UR 2008, 490; *Jakob*, Umsatzsteuer, Rn. 647; *Tumpel*, Mehrwertsteuer im innergemeinschaftlichen Warenverkehr, 400 f.; *Kraeusel*, UR 2005, 189; *Schiessl/Krüger*, BB 2003, 1470; *Vanheiden*, UStB 2003, 279; *Weymüller*, in: S/R, Umsatzsteuer, § 6a, Rn. 83; *Stadie*, Umsatzsteuerrecht, Rn. 10.47; *Husmann*, in: R/D, UStG, § 6a, Rn. 106; *Pump*, UStB 2007, 76; *Bülow*, in: Vogel/Schwarz, § 6a, Rn. 60; ders.A. *Leonard*, in: Bunjes/Geist, UStG, § 6a, Rn. 47 und *Schwarz*, in: P/M/W, UStG, § 6a, Rn. 237 ff., aber nur für den Fall, dass Zweifel an der Richtigkeit der Angaben des Abnehmers bestehen; einschränkend zustimmend *Wäger*, Besteuerung innergemeinschaftlicher Warengeschäfte, 54, der die Abfrage einer USt-IdNr. nur notwendig hält, wenn sich Steuerhinterziehung geradezu „aufdrängen muss“, in einer generellen Abfragepflicht sieht er allerdings eine unverhältnismäßige Einschränkung und *Diskriminierung der Warenverkehrsfreiheit*.

[412] Vgl. *Lehr*, DStR 2005, 588.

[413] Offensichtlich a.A. *Abbas/Slotty-Harms*, UVR 2006, 218.

Identität des Beauftragten dokumentiert[414] als auch eine ordentliche Abholvollmacht zu den Akten nimmt[415]. In besonders zweifelhaften Fällen sind die vorgelegten Vollmachten auch ggf. durch Rücksprache mit dem Abnehmerunternehmer auf ihre Authentizität zu überprüfen[416]. Verdeutlicht wird dies durch die in einem solchen Falle augenscheinliche Rekurrierung auf § 347 HGB. Denn ein sorgfältiger Kaufmann würde insbesondere hochwertige Gegenstände[417] nicht an einen Unbekannten herausgeben und auf dessen Integrität vertrauen. Eigene Recherchen des Unternehmers vor Ort sind wohl regelmäßig nicht zumutbar und demnach entbehrlich[418].

Der in der Literatur vertretenen Auffassung[419], eine qualifizierte Abfrage der USt-IdNr. könne dem Unternehmer u.U. aus zeitlichen Gründen nicht zugemutet werden, kann nicht (mehr) gefolgt werden, da eine solche Abfrage mittlerweile problemlos und ohne zeitliche Verzögerung online[420] oder telefonisch beim Bundeszentralamt für Steuern durchgeführt werden kann. Dem Unternehmer wird hierbei geraten, die Umsatzsteuer ohne offenen Ausweis einzupreisen und mit dem Abnehmer die Erstattung bei Eingang des noch ausstehenden Nachweises zu vereinbaren[421]. Diese Regelung ist in zweierlei Hinsicht mit Vorsicht zu genießen. *Zum Einen* wird sich nicht jeder Abnehmer auf eine solche Regelung einlassen und sich deshalb nach den Lieferanten umschauen, die einer „richtigen Steuerbefreiung“ von Anfang an zustimmen. Allerdings lässt vielleicht auch gerade die Tatsache, dass sich der Abnehmer nicht auf einen Sicherheitseinbehalt einlassen will, u.U. auf Zweifel an den Voraussetzungen der Steuerbefreiung schließen[422]. Würde man indes jedem Unternehmer zumuten, eine solche Vorgehensweise zur Praxis zu machen, ginge damit eine augenscheinliche Wettbewerbsverzerrung einher. Denn so ist aus Praktikerkreisen zu

---

[414] Nach *Tumpel*, Mehrwertsteuer im innergemeinschaftlichen Warenverkehr, 400 f. reiche es aus, die Identität nachzuweisen.

[415] Vgl. *Englisch*, UR 2008, 490; *Vanheiden*, UStB 2003, 279; *Schwarz*, in: P/M/W, UStG, § 6a, Rn. 233a; *Lehr*, DStR 2005, 587; a.A. *Küffner/Langer*, DB 2008, 1118.

[416] Vgl. *Lehr*, DStR 2005, 588.

[417] Vgl. BFH, Urt. v. 15.7.2004, V R 1/04, UR 2005, 212; FG Köln v. 27.1.2005, 10 K 1139/04, EFG 2005, 823 f.; *Schwarz*, in: P/M/W, UStG, § 6a, Rn. 233a.

[418] Vgl. *Englisch*, UR 2008, 490; *Weymüller*, in: S/R, Umsatzsteuer, § 6a, Rn. 51.

[419] Vgl. *Englisch*, UR 2008, 490; *Husmann*, in: R/D, UStG, § 6a, Rn. 107; *Widmann*, UR 1992, 261; *Theile*, UR 1993, 77.

[420] Vgl. dazu schon *Kraeusel*, UR 2005, 189; *Lehr*, DStR 2005, 587; Online-Abfrage möglich beim Bundeszentralamt für Steuern unter: http://evatr.bff-online.de/eVatR/.

[421] Vgl. OFD München, Vfg. v. 22.8.2001, S 7359 – 38 St 435, DStR 2001, 1936; *Schuhmann*, UVR 1993, 301; *Pump*, UStB 2007, 75; *ders.*, UStB 2007, 169 ff.; *Widmann*, UR 1992, 261; *Birkenfeld*, UR 1993, 150; *Husmann*, in: R/D, UStG, § 6a, Rn. 107; *Bülow*, in: Vogel/Schwarz, § 6a, Rn. 62; *Weymüller*, in: S/R, Umsatzsteuer, § 6a, Rn. 83; *Englisch*, UR 2008, 490 ist allerdings insoweit zuzustimmen, als er es ablehnt, dem Unternehmer zu raten, die Umsatzsteuer auszuweisen und den Abnehmer auf das Vorsteuervergütungsverfahren nach § 18 IX UStG i.V.m. §§ 59 ff. UStDV zu verweisen,

[422] Vgl. *Birkenfeld*, UR 1993, 150.

vernehmen, dass gerade größere Unternehmen, wie bspw. Niederlassungen namhafter Autohersteller, es eher in Kauf nehmen, letztlich auf der Umsatzsteuer sitzen zu bleiben und verkaufen ihre Automobile aus Umsatzgründen *a priori* „steuerfrei", also ohne vorläufigen Einbehalt der Umsatzsteuer. Kleinere Autohändler hingegen können sich solche Praktiken schon aus existenziellen Gründen nicht leisten. *Zum Anderen* entstünde im innergemeinschaftlichen Warenverkehr durch eine solche „Pfandregelung" ein ganz neues Problem, nämlich das des unehrlichen Lieferanten. Wer garantiert dem ehrlichen Abnehmer die Redlichkeit seines Lieferanten und dass dieser die einbehaltene Umsatzsteuer wieder ausbezahlt? Insofern führt bereits *Theile* zutreffend aus, dass dieses Verfahren nicht dem Gedanken eines freien Binnenmarkts entspricht und den Handelsverkehr zweifelsfrei beeinträchtigt[423].

Dem Unternehmer kann demnach nicht zugemutet werden, diese Praxis zur Regel zu machen, insbesondere weil auch zeitliche Gründe einer qualifizierten Abfrage nicht mehr im Wege stehen. Gerade in betrugsanfälligen Gewerbezweigen wie der Kfz-Branche[424] hat der sorgfältige Unternehmer daher in oben genannten Fällen zwingend eine qualifizierte Abfrage durchzuführen.

c) Erwerb für das Unternehmen und Erwerbsbesteuerung

Der Erwerb des Liefergegenstandes für das Unternehmen des Abnehmers und die grundsätzliche Erwerbsbesteuerung im anderen Mitgliedstaat sind weitere Tatbestandsvoraussetzungen einer innergemeinschaftlichen Lieferung (§ 6a I 1 Nr. 2 lit. 2 und Nr. 3 UStG). Ob der Erwerber für sein Unternehmen erwirbt, bestimmt sich nach *Leonard*[425] richtigerweise anhand der Abgrenzungskriterien des § 15 I UStG. Es kommt demnach ausschließlich auf die Zuordnungsentscheidung des Erwerbers im Zeitpunkt des Erwerbs an[426]. Verwendet der Abnehmer seine USt-IdNr., indiziert dies neben der Unternehmereigenschaft des Erwerbers auch die grundsätzliche Erwerbsbesteuerung und den Erwerb des Liefergegenstandes für sein Unternehmen[427]. Ferner ist allerdings auch die Art und/oder Menge des Gegenstandes in Betracht zu ziehen[428] und somit der Sorgfaltsmaßstab anzusetzen. Es ist mithin zweckmäßig, *drei Fallgruppen* zu unterscheiden.

---

[423] Vgl. *Theile*, UR 1993, 77; *Tumpel*, Mehrwertsteuer im innergemeinschaftlichen Warenverkehr, 402.
[424] Vgl. *Schiessl/Krüger*, BB 2003, 1469.
[425] Vgl. *Leonard*, in: Bunjes/Geist, UStG, § 6a, Rn. 13.
[426] Vgl. *Leonard*, in: Bunjes/Geist, UStG, § 1a, Rn. 18 m.w.N.
[427] Siehe B. III. 2. b) bb).
[428] Vgl. *Jakob*, Umsatzsteuer, Rn. 648; *Stadie*, Umsatzsteuerrecht, Rn. 10.30; *Schwarz*, in: P/M/W, UStG, § 6a, Rn. 239; *Weymüller*, in: S/R, Umsatzsteuer, § 6a, Rn. 27; auch schon *Nieskens*, BB 1992, Beila-

Gibt es *erstens* aufgrund der Art (bspw. Maschinen oder Lkw[429]) oder Menge des/der gelieferten Gegenstände keinen Zweifel an der unternehmerischen Verwendung, kann der liefernde Unternehmer stets davon ausgehen, dass der Erwerb für das Unternehmen erfolgt[430]. Gibt *zweitens* die Art (bspw. Lippenstift[431], Pelzmantel oder Kinderwagen[432]) und/oder Menge allerdings eher Aufschluss darüber, dass eine private Verwendung beabsichtigt ist oder eine unternehmerische Nutzung gar ausgeschlossen scheint, kann nicht allein aufgrund der Angabe der USt-IdNr. von einer innergemeinschaftlichen Lieferung ausgegangen werden[433]. Allerdings darf – gerade wenn der Abnehmer seine USt-IdNr. verwendet – auch nicht davon ausgegangen werden, dass der Gegenstand ausschließlich privat verwendet wird[434]. Hierzu hat der Unternehmer im Zweifel weitere Nachforschungen zu betreiben[435], denn können Gegenstände, die dem ersten Anschein nach privater Natur sind, auch für Zwecke des Unternehmens verwendet werden; so z.B. als Geschenke für Kunden oder Arbeitnehmer. Ebenso ist auch *drittens* in Fällen vorzugehen, in denen eine augenscheinliche Zuordnung nach Art und/oder Menge des Gegenstandes nicht durchgeführt werden kann, bspw. bei Pkw, Möbeln oder Hausgeräten[436].

Nachforschungspflichten, die über ein einmaliges Nachfragen beim Abnehmer hinsichtlich der Verwendung des Gegenstandes hinaus gehen, sind regelmäßig nicht verhältnismäßig, sodass der Unternehmer auf dementsprechende plausible Erklärungen seines Abnehmers vertrauen kann und dem Sorgfaltsmaßstab des § 6a IV UStG insoweit genüge getan hat[437].

---

ge 17, 14 – dort Fn. 87, wonach für größerer Mengen als die in einem vom BMF festgelegten Indikativmengenkatalog der widerlegbare Anschein für eine gewerbliche Bestimmung der erworbenen Waren gelte.

429 Weitere Beispiele vgl. *Schwarz*, in: P/M/W, UStG, § 6a, Rn. 239.

430 Vgl. *Schuhmann*, UVR 1993, 301.

431 Vgl. *Schwarz*, in: P/M/W, UStG, § 6a, Rn. 241.

432 Vgl. *Husmann*, in: R/D, UStG, § 6a, Rn. 108; weitere Beispiele in *Tumpel*, Mehrwertsteuer im innergemeinschaftlichen Warenverkehr, 402.

433 Vgl. *Schuhmann*, UVR 1993, 301.

434 A.A. wohl *Leonard*, in: Bunjes/Geist, UStG, § 6a, Rn. 13; *Schwarz*, in: P/M/W, UStG, § 6a, Rn. 241, nach dem die Lieferung zwingend steuerpflichtig behandelt werden müsse und die Steuerbefreiung nur bei Beweis der Erwerbsbesteuerung steuerfrei zu behandeln sei. Vgl. hierzu aber das EuGH-Urteil in der Rs. *Teleos*, a.a.O., Rn. 71 und 72, wonach die Erwerbsbesteuerung eben keinen Beweis für das Vorliegen einer innergemeinschaftlichen Lieferung darstellt.

435 Vgl. *Birkenfeld*, USt-Handbuch, § 272, Rn. 772; a.A. wohl *Husmann*, in: R/D, UStG, § 6a, Rn. 108 m.w.N.

436 Vgl. *Husmann*, in: R/D, UStG, § 6a, Rn. 108.

437 Vgl. *Englisch*, UR 2008, 490; *Stadie*, Umsatzsteuerrecht, Rn. 10.49; *Theile*, UR 1993, 77; wohl ders.A. *Birkenfeld*, USt-Handbuch, § 272, Rn. 772; ebenso *Schwarz*, in: P/M/W, UStG, § 6a, Rn. 240, wonach aber ggf. die Erwerbsbesteuerung nachgewiesen werden solle; a.A. *Tumpel*, Mehrwertsteuer im innergemeinschaftlichen Warenverkehr, 401, wonach eine ausdrückliche Erklärung des Abnehmers neben der Angabe der USt-IdNr. ohne zusätzlichen Wert sei und ferner die Verpflichtung, eine solche Erklärung einzuholen, unzumutbar sei.

4. Unrichtige Angaben

Neben der Beachtung der notwendigen Sorgfaltspflicht, findet § 6a IV UStG nur Anwendung, wenn die Inanspruchnahme durch unrichtige Angaben des Abnehmers ausgelöst wurde. Beruht dieser Tatbestandsirrtum somit nicht auf unrichtige Angaben seines Abnehmers, sondern wird das Vorliegen einer innergemeinschaftlichen Lieferung bspw. rechtsirrtümlich angenommen, greift die Vertrauensschutzregelung nicht[438]. Auch begründen fehlende oder unterlassene Angaben sowie fehlendes Wissen des Unternehmers von unrichtigen Angaben des Abnehmers keinen Gutglaubensschutz[439]. Selbstverständlich stellt sich die Frage des Gutglaubensschutzes auch nicht, wenn der Unternehmer davon wusste, dass die Steuerbefreiungsvoraussetzungen nicht vorliegen. Die Inanspruchnahme der Steuerbefreiung geht dann jedenfalls nicht auf unrichtige Angaben des Abnehmers zurück.

Nach dem Wortlaut des § 6a IV UStG müssen sich die unrichtigen Angaben auf die Voraussetzungen des § 6a I UStG beziehen, sodass sich die Gutgläubigkeit des Unternehmers bezüglich sämtlicher materiell-rechtlicher Tatbestandsmerkmale der innergemeinschaftlichen Lieferung ergeben kann[440].

a) Beförderung oder Versendung in übriges Gemeinschaftsgebiet

Außer in Beförderungsfällen durch den Unternehmer selbst und mittels entsprechend ausgefüllter Empfangsbestätigung des ausländischen Abnehmers, wird es dem Unternehmer wohl kaum möglich sein, einen schlüssigen Beweis für das körperliche Verbringen des Liefergegenstandes in übriges Gemeinschaftsgebiet zu erbringen. Gerade in Abholfällen fällt der Nachweis schwer. Er ist demnach auf die Angaben seines Abnehmers angewiesen. Wie oben erklärt, muss der Unternehmer zumindest einen Verbringensbeleg entsprechend § 17a II UStDV vorweisen können, aus dem sich dann ggf. die unrichtigen Angaben ergeben[441]. Hat sich der Unternehmer in Abholfällen bspw. eine schriftliche Verbringensversicherung i.S.d. § 17a II Nr. 4 UStDV oder in Versendungsfällen einen CMR-Frachtbrief mit den notwendigen Angaben ausstellen lassen, doch hat der Abnehmer, dessen Bevollmächtigter oder der Spediteur den Liefergegenstand entgegen dieser Versicherung nicht in übriges Gemeinschaftsgebiet verbracht, kann dem Unternehmer nicht entgegen gehalten wer-

[438] Vgl. *Leonard*, in: Bunjes/Geist, UStG, § 6a, Rn. 46; *Michel*, BB 2008, 1268.
[439] Vgl. *Schwarz*, in: P/M/W, UStG, § 6a, Rn. 236.
[440] Vgl. *Tumpel*, Mehrwertsteuer im innergemeinschaftlichen Warenverkehr, 398; *Englisch*, UR 2008, 492.
[441] Vgl. obige Ausführungen unter B. III. 2. b) aa).

den, er hätte die Sorgfaltspflichten des § 6a IV UStG missachtet. Er hat demnach auf für ihn unerkenntlich unrichtige Angaben seines Abnehmers vertraut, sodass in einem solchen Fall die Regelung des § 6a IV UStG anzuwenden ist[442].

b) Die Unternehmereigenschaft des Abnehmers

Streit entfaltet sich insbesondere an den weiteren Tatbestandsmerkmalen der innergemeinschaftlichen Lieferung, mithin an der Unternehmereigenschaft, dem Erwerb für das Unternehmen und an der grundsätzlichen Erwerbsbesteuerung. Wie dargestellt, kommt der Abnehmer-USt-IdNr. für die Überprüfung dieser Merkmale immense Wichtigkeit zu.

Wurde die USt-IdNr. nicht zumindest am Anfang der Geschäftsbeziehungen, bei Zweifeln oder anschließend regelmäßig auf ihre Gültigkeit und auf Übereinstimmung mit der Abnehmeridentität hin überprüft, hat der Unternehmer im Regelfall den Sorgfaltsmaßstab des § 6a IV UStG nicht erfüllt[443]. Kontroverse Diskussionen werden hingegen geführt über die Anwendung der Gutglaubensschutzregelung bei Angabe einer (vermeintlich) unrichtigen USt-IdNr.

aa) Verwendung einer erfundenen, ungültigen oder einem anderen Unternehmer erteilten USt-IdNr.

Täuscht der Abnehmer, der unzweifelhaft als Leistungsempfänger zu erkennen ist, seine Unternehmereigenschaft unter Verwendung einer erfundenen, ungültigen oder einem anderen Unternehmer erteilten[444] USt-IdNr. vor, kann in der Regel davon ausgegangen werden, dass der Unternehmer dies im Rahmen einer qualifizierten Abfrage hätte erkennen können und demnach den Sorgfaltskriterien nicht genüge getan hat[445].

Indes ist fraglich, ob sich der Unternehmer auf die Gutglaubensschutzregelung berufen kann, wenn er regelmäßig eine qualifizierte Abfrage durchgeführt hat, dabei keine Unregelmäßigkeiten zu erkennen waren, die USt-IdNr. aber im Verlauf der Geschäftsbeziehung

---

[442] Vgl. FG Nürnberg, Urt. v. 27.6.2001, II 363/2000, DStRE 2001, 994; *Winter*, UR 2005, 248; *Tumpel*, Mehrwertsteuer im innergemeinschaftlichen Warenverkehr, 398; *Nieskens*, EU-UStB 2008, 59; *Weymüller*, in: S/R, Umsatzsteuer, § 6a, Rn. 86; *Schuhmann*, UVR 1993, 301.

[443] Siehe C. II. 3. b).

[444] Sog. *VAT identification number hijacking* nach *Kogels*, International VAT monitor, 2007, 156.

[445] Vgl. *Englisch*, UR 2008, 492; *Husmann*, in: R/D, UStG, § 6a, Rn. 105.1. Im Ergebnis lehnt *Birkenfeld*, UR 1993, 149 in solchen Fällen ebenfalls den Vertrauensschutz ab, stellt aber nicht auf die notwendige qualifizierte Abfrage ab, sondern verweist, insoweit allerdings unzutreffend, auf die Nichterfüllung des materiell-rechtlichen Buchnachweises; ders.A. *Schwarz*, in: P/M/W, UStG, § 6a, Rn. 235; ebenso *Kraeusel*, UR 2005, 189.

ungültig wird oder der andere Mitgliedstaat diese erst verspätet für ungültig erklärt[446]. Im Schrifttum wird in solchen Fällen teilweise die Auffassung vertreten, § 6a IV UStG greife in solchen Fällen nicht. *Birkenfeld*[447] führt dazu aus, dass sich § 6a IV UStG nach seinem Wortlaut eindeutig nur auf die materiell-rechtlichen Voraussetzungen des § 6a I UStG und nicht auf die Nachweisvorschriften des § 6a III UStG i.V.m. § 17c I UStDV bezöge, zu denen auch die Aufzeichnung der USt-IdNr. gehört[448]. Zu beachten ist hierbei jedoch, dass zwischen den Tatbestandsmerkmalen des § 6a I UStG und der USt-IdNr. eine untrennbare Verknüpfung besteht. Verwendet der Abnehmer seine USt-IdNr., begründet dies die Vermutung, dass er als Unternehmer sowie für sein Unternehmen erwirbt und der Erwerb der Besteuerung unterliegt[449]. Diese Verknüpfung und die damit eintretende Vermutung für das Vorliegen einer innergemeinschaftlichen Lieferung würde *ad absurdum* geführt, wenn man den guten Glauben auf die USt-IdNr. nicht schützte. Demnach ist die Regelung des § 6a IV UStG in diesen Fällen auch auf unrichtige Angaben des Abnehmers in Bezug auf die USt-IdNr. anwendbar[450].

bb) Privaterwerb unter Angabe einer gültigen USt-IdNr.

Dass ein als Unternehmer registrierter Privatmann einen Gegenstand trotz privater Absicht unter Verwendung seiner gültigen USt-IdNr. erwirbt, ist für den Unternehmer in der Regel nicht ersichtlich[451]. Eine qualifizierte Abfrage wird jedenfalls die angegebenen Daten wohl als zutreffend darstellen. Auch in solchen Fällen beruht die irrige Annahme des Vorliegens einer innergemeinschaftlichen Lieferung auf unrichtigen Angaben des Abnehmers, sodass § 6a IV UStG Anwendung finden muss[452]. Wobei zu vermerken ist, dass sich evtl. gerade in solchen Fällen aus der Art und/oder Menge des Liefergegenstandes weitere Nachforschungspflichten ergeben könnten.

---

[446] Wie es wohl häufig vorkommt, vgl. *Vierbach/Baumgartner*, UStB 2004, 243 f.

[447] Vgl. *Birkenfeld*, USt-Handbuch, § 109, Rn. 26.

[448] Vgl. auch *Kraeusel*, UR 2005, 190; *Vanheiden*, UStB 2003, 279; *Rothenburger*, UStB 2004, 372; OFD Hannover, Vfg. v. 12.2.2002, S 7144 – 1 StO 353, UR 2002, 282; FG Köln v. 9.10.2003, 15 K 354/03, EFG 2004, 521; FG Hessen, Beschl. v. 16.5.2004, 6 V 2797/03, BeckRS 2004 26016751; BFH, Beschl. v. 2.4.1997, V B 159/96, UR 1997, 225; BFH, Beschl. v. 5.2.2004, V B 180/03, BeckRS 2004, 25003368.

[449] Vgl. dazu C. II. 3. c).

[450] Vgl. *Husmann*, in: R/D, UStG, § 6a, Rn. 105; *Englisch*, UR 2008, 492; *Vierbach/Baumgartner*, UStB 2004, 243; *Weymüller*, in: S/R, Umsatzsteuer, § 6a, Rn. 90 f.; *Nieskens*, EU-UStB 2008, 59; wohl ders.A. *Reiß*, in: Tipke/Lang, Steuerrecht, § 14, Rn. 111; *Stadie*, Umsatzsteuerrecht, Rn. 10.48, der die USt-IdNr. (wohl zu weit gehend) faktisch als materiell-rechtliches Tatbestandsmerkmal erachtet (siehe dazu Ausführungen unter B. III. 2. a) und dort Fn. 237) und demnach zu diesem Ergebnis kommen muss.

[451] Nur in Zweifelsfällen muss der Unternehmer weitere Recherchen durchführen, siehe C. II. 3. b) und c).

[452] Vgl. *Winter*, UR 2005, 249; *Tumpel*, Mehrwertsteuer im innergemeinschaftlichen Warenverkehr, 398 f.; *Nieskens*, EU-UStB 2008, 59; wohl ders.A. *Reiß*, in: Tipke/Lang, Steuerrecht, § 14, Rn. 111; *Birkenfeld*, UR 1993, 148 f.; Schuhmann, UVR 1993, 301.

cc) Scheinunternehmer als Abnehmer

Im Endeffekt finden die zuvor festgestellten Aussagen ebenfalls Anwendung auf die Problematik des Erwerbs durch einen sog. Scheinunternehmer. Da der Begriff des Scheinunternehmers in Bezug auf die Gutglaubensschutzregelung des § 6a IV UStG allerdings oft (über-)strapaziert wird und ferner eine uneinheitliche Verwendung dieses Begriffes in der Literatur kursiert[453], soll hierauf nochmals näher eingegangen werden. Häufig findet der Begriff auch Anwendung bei sog. Strohmanngeschäften, auf die noch separat einzugehen ist[454]. Richtigerweise ist unter einem Scheinunternehmer eine Person zu verstehen, der nicht die Unternehmereigenschaft des § 2 I UStG zu Eigen ist. Die richtige Herangehensweise einen Scheinunternehmer zu identifizieren ist demnach, zunächst die Tatbestandsmerkmale eines Unternehmers festzustellen und davon dann den Scheinunternehmer negativ abzugrenzen[455].

Eine Legaldefinition des umsatzsteuerlichen Unternehmers liefert § 2 I UStG[456]. Liegen die dort aufgeführten Merkmale vor, geht einer Person deren Unternehmereigenschaft nicht schon deshalb verlustig, weil sie ihre steuerlichen Pflichten nicht erfüllt, bspw. ihre innergemeinschaftlichen Erwerbe nicht anmeldet oder Steuern nicht bezahlt[457]. Eine Mitteilung einer ausländischen Finanzbehörde allein, ein Abnehmer sei ein *missing trader*, rechtfertigt demnach nicht, dem deutschen redlichen Lieferanten die Steuerbefreiung der innergemeinschaftlichen Lieferung zu versagen[458]. Es stellt sich hierbei schon gar nicht die Frage des Gutglaubensschutzes, da die Voraussetzungen einer innergemeinschaftlichen Lieferung gegeben sind[459].

Liegt die Unternehmereigenschaft des Abnehmers tatsächlich nicht vor und handelt es sich mithin um einen „*echten* Scheinunternehmer", kann die Steuerbefreiung dennoch nicht versagt werden, wenn der Unternehmer dies bei Beachtung der erforderlichen Sorgfalt

---

[453] Vgl. *Schiessl/Krüger*, BB 2003, 1470.
[454] Vgl. *Schiessl/Krüger*, BB 2003, 1471.
[455] Vgl. *Vierbach/Baumgartner*, UStB 2004, 242.
[456] Vgl. dazu näher eingehend BFH, Urt. v. 18.7.1991, V R 86/87, BStBl. II 1991, 776 und Abschnitte 18 bis 20 UStR.
[457] Vgl. *Vierbach/Baumgartner*, UStB 2004, 242 f.; *Schwarz*, in: P/M/W, UStG, § 6a, Rn. 242b f.; *Winter*, UR 2005, 249; *Lehr*, DStR 2005, 588.
[458] Vgl. BFH, Beschl. v. 5.2.2004, V B 180/03, BeckRS 2004, 25003368; BFH, Urt. v. 15.7.2004, V R 1/04, UR 2005, 212 unter Verwendung des Begriffs „Firmenmantel"; BFH, Beschl. v. 5.12.2005, V B 44/04, BFH/NV 2006, 625; *Schwarz*, in: P/M/W, UStG, § 6a, Rn. 242c; *Vierbach/Baumgartner*, UStB 2004, 243; *Winter*, UR 2005, 251; *Weymüller*, in: S/R, Umsatzsteuer, § 6a, Rn. 69.
[459] Vgl. *Vierbach/Baumgartner*, UStB 2004, 243; *Schwarz*, in: P/M/W, UStG, § 6a, Rn. 242a; a.A. *Kraeusel*, UR 2005, 193.

nicht erkennen konnte[460]. Verwendet also ein solcher Scheinunternehmer eine ihm von einem Mitgliedstaat unzutreffend erteilte USt-IdNr., kann dieser Fehler grundsätzlich nicht dem liefernden Unternehmer aufgebürdet werden. Auch hier gilt der oben dargestellte Grundsatz: Gibt es keine Zweifel an dem Umsatzgeschäft, genügt der Unternehmer der gebotenen Sorgfalt, wenn er die Abnehmerangaben zur USt-IdNr. im Rahmen einer qualifizierten Abfrage verifiziert.

c) Grundsätzliche Erwerbsbesteuerung

Sog. „opake“ Unternehmer i.S.d. § 1a III UStG[461] können im Grundsatz Abnehmer gemäß § 6a I 1 Nr. 2a UStG sein[462], unterliegen aber regelmäßig nicht der Erwerbsbesteuerung. Verwendet ein „opaker“ Unternehmer eine USt-IdNr., kann der leistende Unternehmer auch in diesen Fällen davon ausgehen, dass sein Abnehmer der Erwerbesbesteuerung unterliegt[463]. Zweifelt er auch nicht an der körperlicher Verbringung des Gegenstandes in einen anderen Mitgliedstaat, so genügt der Unternehmer ebenfalls den Sorgfaltspflichten des § 6a IV UStG, wenn er die angegebene USt-IdNr. qualifiziert abfragt. Wie auch in Fällen des Erwerbs durch Privatpersonen[464] kann es dem sorgfältigen Unternehmer nicht angelastet werden, wenn ein anderer Mitgliedstaat dem „opaken“ Unternehmer eine USt-IdNr. unzutreffend ausstellt oder die ehemals richtigerweise ausgestellte USt-IdNr. nicht rechtzeitig als ungültig meldet oder der Abnehmer die grundsätzliche Erwerbsbesteuerung vortäuscht.

Wie *Englisch*[465] stichhaltig darlegt, würde die Gutglaubensschutzregelung des § 6a IV UStG konterkariert, wenn in Fällen der Lieferung an „opake“ Unternehmer § 3c UStG Anwendung fände und mithin der schutzwürdige Lieferer den Umsatz im Bestimmungsmitgliedstaat zu versteuern hätte. Auch in derartigen Fällen wird die irrige Annahme des Vorliegens einer innergemeinschaftlichen Lieferung aufgrund unrichtiger Angaben des

---

460 Vgl. *Vierbach/Baumgartner*, UStB 2004, 244; *Lehr*, DStR 2005, 588; *Nieskens*, EU-UStB 2008, 59.

461 „Opake“ Unternehmer werden auch als „anomale Unternehmer“ gemäß *Stadie*, Umsatzsteuerrecht, Rn. 9.20 respektive „Halbunternehmer“ nach *Reiß*, in: Tipke/Lang, § 14, Rn. 122 und *Bülow*, in: Vogel/Schwarz, § 6a, Rn. 17 oder „Schwellenerwerber“ nach *Weymüller*, in: S/R, Umsatzsteuer, § 6a, Rn. 28 bezeichnet.

462 Vgl. *Weymüller*, in: S/R, Umsatzsteuer, § 6a, Rn. 28.

463 Vgl. *Weymüller*, in: S/R, Umsatzsteuer, § 6a, Rn. 36.

464 Siehe oben unter C. II. 4. b) bb).

465 Vgl. *Englisch*, UR 2008, 494.

Abnehmers hervorgerufen und erfordert demnach die Anwendung der Gutglaubensgrundsätze[466].

d) Strohmann als Abnehmer

Strittig ist des Weiteren die Behandlung von Fällen, in denen ein vermeintlicher Abnehmer – unter Angabe seiner eigenen gültigen USt-IdNr. – als Strohmann für einen dahinter stehenden Dritten agiert, der im Endeffekt auch die Verfügungsmacht an dem Liefergegenstand erlangt. Es stellt sich hierbei die Frage, wer als Abnehmer i.S.d. § 6a UStG anzusehen ist und in Bezug auf wessen Angaben der Unternehmer gutgläubig sein kann. Würde in jeglichen Fallgestaltungen der wahre Leistungsempfänger – also der Dritte – als Abnehmer anzusehen sein, liefe die Gutglaubensschutzregelung des § 6a IV UStG in solchen Fällen ins Leere, in welchen der Unternehmer keinerlei Angaben, und demnach auch keine unrichtigen Angaben, von dem Dritten erhalten hat[467]. Nachfolgende Ausführungen gelten im Grundsatz auch für die Frage, ob ein Scheingeschäft zwischen Unternehmer und Verhandlungspartner vorliegt und wer in solchen Fällen als wahrer Abnehmer anzusehen ist[468].

Wie der BFH[469] richtigerweise ausführt, ergibt sich regelmäßig aus den zugrunde liegenden zivilrechtlichen Vereinbarungen, wer als Leistender und wer als Leistungsempfänger anzusehen ist. Ergeben sich für den Abnehmer keinerlei Zweifel an der tatsächlichen Durchführung der zivilrechtlichen Vereinbarung, ist der Verhandlungspartner unzweifelhaft als umsatzsteuerlicher Abnehmer anzusehen.

Ferner fährt der BFH[470] im Grundsatz zutreffend fort, dass sich der wahre Leistungsempfänger auch abweichend von den vertraglichen Bedingungen ergeben könne. Tritt demnach für den liefernden Unternehmer *erkennbar* eine andere Person als sein Verhandlungspartner unter dessen Namen auf, sei in dieser Fallgestaltung der dahinter Stehende als wahrer Leistungsempfänger und damit umsatzsteuerlicher Abnehmer anzusehen. Merkmale könnten sich hierbei aus konkreten Umständen des Falles, wie bspw. Umstände der Vertragsan-

---

466 Vgl. *Englisch*, UR 2008, 494; a.A. *Husmann*, in: R/D, UStG, § 6a, Rn. 110; *Nieskens*, BB 1992, Beilage 17, 14; *Winter*, UR 1992, 262.

467 Nochmals sei an dieser Stelle vermerkt, dass es für die Frage des Buchnachweises nicht darauf ankommt, ob der Unternehmer die richtige USt-IdNr. des wahren Leistungsempfängers aufzeichnet; siehe B. III. 2. b) bb).

468 Vgl. dazu ausführlicher *Schiessl/Krüger*, BB 2003, 1471 f. mit Verweis auf BFH, Beschl. v. 31.1.2002, V B 108/01, BStBl. II 2004, 622; *Winter*, UR 2005, 250.

469 Vgl. BFH, Beschl. v. 5.2.2004, V B 180/03, BeckRS 2004, 25003368.

470 Vgl. BFH, Beschl. v. 5.2.2004, V B 180/03, BeckRS 2004, 25003368.

bahnung, Vertragsabwicklung oder Bezahlung ergeben[471]. Der BFH missachtet hierbei aber, dass die Verfügungsmacht am Liefergegenstand auch in dieser Fallkonstellation nach zivilrechtlichen Grundsätzen auf den dahinter stehenden Dritten übergeht und dieser schon deshalb auch als umsatzsteuerlicher Abnehmer anzusehen ist[472]. In einer solchen Fallkonstellation ist es deshalb unerheblich, ob der Verhandlungspartner als Selbständiger, zwar unter eigenem Namen, aber erkennbar auf fremde Rechnung, und damit regelmäßig als Einkaufskommissionär oder als erkennbar unselbständiger Beauftragter des Dritten agiert. Jedenfalls ist der dahinter stehende Dritte schon aufgrund zivilrechtlicher Grundsätze als wahrer Leistungsempfänger und damit auch als umsatzsteuerlicher Abnehmer anzusehen[473].

Es entspricht in jedem Fall dem Grundsatz der Verhältnismäßigkeit, wenn der Unternehmer in solchen Fällen dem Sorgfaltsmaßstab des § 6a IV UStG nur genüge getan hat, wenn er die Identität mitsamt der USt-IdNr. des dahinter stehenden Dritten als wahrem Leistungsempfänger überprüft und dokumentiert. Nur dann kann der liefernde Unternehmer im Zweifelsfall gutgläubig in Bezug auf dessen Angaben sein. Auf die Angaben des Mittelsmanns kommt es insoweit nicht an. Unter Beachtung der vorgenannten Ausführungen wird auch deutlich, dass es keine Frage der Gutgläubigkeit ist, wenn der Unternehmer bewusst die Identität seines wahren Abnehmers verschleiert, die Steuerbefreiungsvoraussetzungen des § 6a I UStG aber zweifelsohne vorliegen[474]. Die Verpflichtungen der §§ 17a ff. UStDV sind lediglich formeller Natur. Können die Voraussetzungen des Vorliegens der innergemeinschaftlichen Lieferung anderweitig belegt werden, kommt es auf die Richtigkeit der zuvor vorgebrachten Nachweise ebenso wenig an, wie auf die Gutgläubigkeit i.S.d. § 6a IV UStG. Letztgenannte liegt schon mangels unrichtiger Angaben des Abnehmers nicht vor[475].

Kann der Unternehmer indes *nicht erkennen*, dass sein Verhandlungspartner als bloßer Strohmann auftritt, so wird diesem, mangels Stellvertreterstellung, die Verfügungsmacht an dem Liefergegenstand verschafft[476]. In Übereinstimmung mit den zivilrechtlichen Grundsätzen ist damit der Strohmann, auch wenn er tatsächlich für einen Hintermann ge-

[471] Vgl. BFH, Beschl. v. 5.2.2004, V B 180/03, BeckRS 2004, 25003368; a.A. *Winter*, UR 2007, 885.
[472] Vgl. *Englisch*, UR 2008, 493.
[473] Vgl. *Englisch*, UR 2008, 493; im Ergebnis zustimmend *Winter*, UR 2005, 249 f.; *Kraeusel*, UR 2005, 192; *Schwarz*, in: P/M/W, UStG, § 6a, Rn. 62a.
[474] Vgl. EuGH, Urt. v. 27.9.2007, Rs. C-146/05, *Collée*, a.a.O.
[475] Vgl. EuGH, Urt. v. 27.9.2007, Rs. C-146/05, *Collée*, a.a.O., Rn. 37; *Englisch*, UR 2008, 493.
[476] Vgl. *Englisch*, UR 2008, 493.

handelt hat, als umsatzsteuerlicher Abnehmer anzusehen[477]. Für die Frage des Gutglaubensschutzes nach § 6a IV UStG sind somit ausschließlich dessen Angaben maßgeblich[478] und der Unternehmer genügt im Regelfall der Sorgfaltspflicht des § 6a IV UStG, wenn er die von dem Strohmann angegebene USt-IdNr. auf Gültigkeit hin verifiziert[479] und dessen Identität überprüft sowie dokumentiert hat.

Darüber hinaus scheint es für die Frage des Gutglaubensschutzes auch nicht darauf anzukommen, wer tatsächlicher Abnehmer ist[480]. In der Rs. *Netto Supermarkt*[481] judizierte der EuGH, dass Gutglaubensschutz auch in den Fällen zu gewähren ist, in denen eine Ausfuhrlieferung nicht stattgefunden hat, der Unternehmer aber die Unrichtigkeit der Angaben des unstrittig falschen Abnehmers und damit den Mangel der Steuerbefreiungsvoraussetzungen auch bei Sorgfalt eines ordentlichen Kaufmanns nicht erkennen konnte. Dieses Urteil erging zwar zu einem Fall der Ausfuhrlieferung im nichtkommerziellen Reiseverkehr, doch ist *Küffner/Langer*[482] zuzustimmen, die aufgrund der Urteilsbegründung auch eine Anwendung der Gutglaubenschutzregelung bei innergemeinschaftlichen Lieferungen bejahen, wenn der wahre Abnehmer nicht zu ermitteln ist.

III. Zwischenfazit

Für den interessierten Leser ist sicherlich deutlich geworden, dass an den Sorgfaltsmaßstab des § 6a IV UStG höhere Anforderungen als an die Nachweispflichten des § 6a III UStG i.V.m. §§ 17a ff. UStDV gestellt werden. Dies kann so bspw. an der Abholvollmacht verdeutlicht werden. Sind die Anforderungen des BFH überzogen, diese Vollmacht als Nachweis der innergemeinschaftlichen Lieferung vorzulegen, so ist dem Unternehmer doch geraten, sich eine solche Vollmacht vorlegen zu lassen und dementsprechend zu dokumentieren, da er andernfalls den Sorgfaltsmaßstab an den Gutglaubensschutz missachtet und im Zweifelsfall die Umsatzsteuer bezahlen muss. Im Endeffekt ist dieses Ergebnis keinesfalls befriedigend. Tritt die Vermutungswirkung für das Vorliegen der Steuerbefreiungsvoraussetzungen mit entsprechenden Beleg- und Buchnachweisen zwar ein, so kann sich der Unternehmer dennoch nicht sicher sein, ob ihm im Nachhinein, oft Jahre später im Rahmen einer Umsatzsteuer-Sonderprüfung, die Steuerbefreiung versagt wird. Er hat demnach,

---

[477] Im Ergebnis zustimmend *Winter*, UR 2005, 249 f.; *Schwarz*, in: P/M/W, UStG, § 6a, Rn. 62b.
[478] Vgl. *Schiessl/Krüger*, BB 2003, 1470.
[479] Vgl. FG Münster, Beschl. v. 5.2.2004, 15 V 5805/03 U, DStRE 2004, 652; FG Nds., Beschl. v. 17.8.2004, 5 V 84/04, DStRE 2005, 43.
[480] Vgl. *Küffner/Langer*, DB 2008, 1119.
[481] Vgl. EuGH, Urt. v. 21.2.2008, Rs. C-271/06, *Netto Supermarkt*, a.a.O.
[482] Vgl. *Küffner/Langer*, DB 2008, 1120.

außer in Fällen, in denen er absolutes Vertrauen in seinen Abnehmer hat, stets den Sorgfaltsmaßstab des § 6a IV UStG zu erfüllen, um Rechtssicherheit zu erlangen. Zur Vermeidung von Steuerhinterziehung und -missbrauch dürfen zwar zweifelsohne hohe Anforderungen an den Unternehmer gestellt werden, doch müssen diese Anforderung mit den europa- und umsatzsteuerrechtlichen Grundsätzen vereinbar sein. Aus Gründen der Rechtssicherheit muss deshalb an den deutschen Gesetz- respektive Verordnungsgeber oder auch an die Finanzgerichtsbarkeit dringend appelliert werden, die Gutglaubensschutzregelung des § 6a IV UStG zu konkretisieren und hierbei insbesondere auf das Zusammenspiel zwischen Nachweispflichten und Gutglaubensschutz einzugehen. Hierbei ist nochmals darauf hinzuweisen, dass es keinesfalls notwendig ist, die Nachweispflichten der §§ 17a ff. UStDV vollumfänglich zu erfüllen. Gerade in Fällen, in denen sich der Verhandlungspartner als tatsächlicher Abnehmer i.S.d. § 6a I 1 Nr. 2 UStG ausgibt und der Unternehmer dies auch unter Zugrundelegung sämtlicher ihm zumutbaren und erforderlichen Maßnahmen, also unter der Beachtung der Sorgfalt eines ordentlichen Kaufmanns, nicht erkennen konnte, gebietet es der europarechtlich geforderte Gutglaubensschutz, dass der Unternehmer von seinem ihm zunächst obliegenden Betrugsrisiko entlastet wird. Die Finanzverwaltung darf dann ihr eigenes Betrugsrisiko nicht unter dem Hinweis auf das „allgemeine Unternehmerrisiko" auf den Unternehmer abwälzen[483]. Nur dann ist die angestrebte Risikoverteilung des Abnehmerbetrugs in angemessener und ausgewogener Weise erreicht.

[483] Vgl. *Englisch*, UR 2008, 494; *Winter*, UR 2005, 252; a.A. *Vanheiden*, UStB 2003, 279; *Kraeusel*, UR 2005, 191; *Birkenfeld*, USt-Handbuch, § 109, Rn. 30.

Schlussbetrachtung

Ein verbesserter Informationsaustausch zwischen den Mitgliedstaaten oder erhöhte Nachweisanforderungen an den Unternehmer sind die Mittel, Steuermissbrauch bei innergemeinschaftlichen Lieferungen in einem Binnenmarkt zu vermeiden.

Der Gemeinschaftsgesetzgeber hat sich der Missbrauchsverhinderung nur mittelbar gewidmet, indem er den Mitgliedstaaten eigene Rechte einräumt, wirksame Regelungen einzuführen. Jedenfalls scheint ihm eher an erhöhten Nachweisanforderungen gelegen zu sein, denn an verbessertem Informationsaustausch. Der deutsche Normgeber nahm die Gemeinschaftsermächtigung gerne auf und stellte hohe Anforderungen an den Unternehmer, der bis zum EuGH-Urteil in der Rs. *Collée*[484] gar fürchten musste aufgrund formeller Nachweismängel die Umsatzsteuer selbst bezahlen zu müssen.

Wie im Verlauf der vorliegenden Untersuchung herausgearbeitet, kommt den Nachweispflichten des § 6a III UStG i.V.m. §§ 17a ff. UStDV indes nicht mehr materiell-rechtliche Bedeutung für die Frage der Steuerbefreiung der innergemeinschaftlichen Lieferung zu. Vielmehr entfalten die Nachweise, sofern sie die materiell-rechtlichen Voraussetzungen der innergemeinschaftlichen Lieferung hinreichend und genügend belegen, Vermutungswirkung für das Vorliegen der Steuerbefreiungsvoraussetzungen. Jedoch kann daraus nicht gefolgert werden, dass durch jene Nachweise der Sorgfaltspflicht der europarechtlich geforderten Gutglaubensschutzregelung genüge getan ist. Denn diese Regelung erfordert darüber hinaus, dass der Unternehmer alle ihm zur Verfügung stehenden und zumutbaren Maßnahmen ergriffen hat, um nicht in einen Steuerbetrug verwickelt zu werden. In diesem Lichte ist die deutsche Gutglaubensschutzregelung auszulegen, entgegen der Forderung des BFH, der eine unmittelbare Verbindung zwischen der Erfüllung sämtlicher Nachweiserfordernisse und der Gutglaubensschutzregelung des § 6a IV UStG fordert.

Diese der vorliegenden Untersuchung zugrunde liegenden Gesamtproblematik sei nochmals an dem nachfolgenden Schaubild verdeutlicht.

[484] Vgl. EuGH, Urt. v. 27.9.2007, Rs. C-146/05, *Collée*, a.a.O.

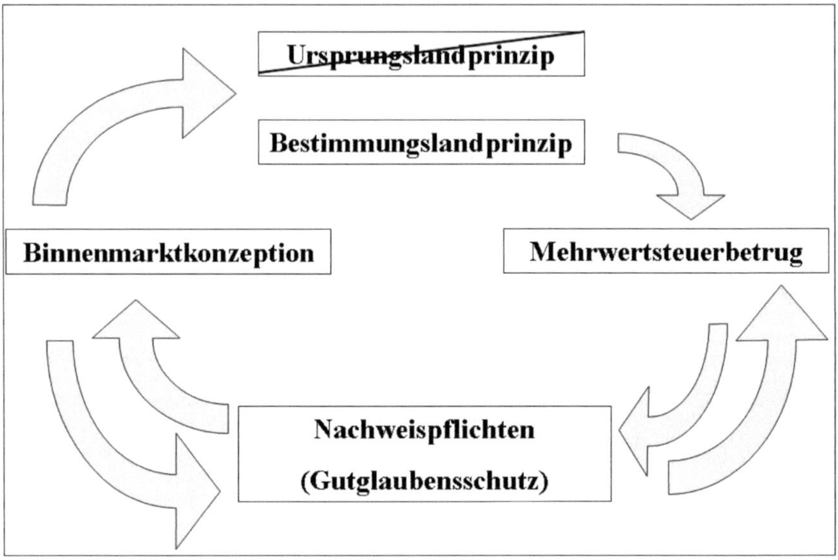

Abb. 1: Spannungsfeld der innergemeinschaftlichen Lieferungen

Ausgangspunkt des Schaubildes[485] ist die Binnenmarktkonzeption und die damit einhergehende Abschaffung der Grenzkontrollen. Auf das Ursprungslandprinzip als endgültige und tatsächliche Binnenmarktregelung konnte man sich nicht einigen, sodass es bei der Besteuerung nach dem Bestimmungslandprinzip verblieb: innergemeinschaftliche Lieferung sind somit von der Mehrwertsteuer zu befreien. Spiegelbildlich dazu unterliegt der innergemeinschaftliche Erwerb der Besteuerung. Die Kombination aus Abschaffung der physischen Grenzkontrollen und dem Bestimmungslandprinzip führte zu einem rasanten Anstieg des Steuerbetrugs in der Europäischen Union, der europaweit alljährlich mehrere Milliarden Euro[486] beträgt. Die Verhinderung dieses Steuerbetrugs soll durch umfassende Nachweispflichten an den Unternehmer, gemäßigt durch eine Gutglaubensschutzregelung, eingedämmt werden. Problematisch ist hierbei, dass sich diese Verpflichtungen an die Unternehmer wiederum auf die der Binnenmarktkonzeption immanenten Grundprinzipien negativ auswirken können und somit nicht zu hoch angesetzt werden dürfen. Durch diese notwendige Mäßigung der Nachweispflichten lässt sich jedoch der Steuerbetrug im Binnenmarkt nicht eindämmen, geschweige denn verhindern. Demnach wird deutlich, dass das

[485] Quelle: Eigene Erstellung.
[486] Vgl. *Weimann*, UStB 2008, 56.

Spannungsfeld zwischen der Binnenmarktkonzeption und dem Bestimmungslandprinzip auf der einen Seite und der Verhinderung des Steuerbetrugs auf der anderen Seite durch Nachweispflichten nicht gelöst werden kann.

Nach Auffassung des Verfassers ist es nunmehr unabdingbar, sich um ein endgültiges Mehrwertsteuersystem zu bemühen und damit die Auflösung dieses Spannungsfeldes voran zu treiben. Damit kann aber nicht gemeint sein, ein originäres Ursprungslandprinzip einzuführen, in welchem der Endverbraucher mit der Steuer des Ursprungslandes belastet wird und dem Ursprungsland das Steueraufkommen zusteht. Vielmehr muss, um das Verbrauchslandprinzip zu wahren, ein System anvisiert werden, in welchem grenzüberschreitende Lieferungen entsprechend den nationalen Lieferungen behandelt werden und der leistungsempfangende Unternehmer durch die Möglichkeit des Vorsteuerabzugs entlastet wird. Dieses System erforderte einen erhöhten Informationsaustausch zwischen den Mitgliedstaaten, der im heutigen IT-Zeitalter realisierbar sein sollte. An anderer Stelle ist man hier auf europäischer Ebene schon weiter fortgeschritten. Denn so wurde bereits im Jahre 2005 ein EU-Rahmenbeschluss zur grenzüberschreitenden Anerkennung von Geldstrafen und Geldbußen vereinbart. Nach Umsetzung in nationales Recht können demnach (nicht nur) Geldbußen über 70 Euro aufgrund von im Ausland begangenen Verkehrsverstößen auch in Deutschland vollstreckt werden[487]. Es stellt sich demnach die Frage, warum es nicht auch im umsatzsteuerlichen Bereich, in dem es alljährlich um milliardenschwere Hinterziehungsfälle geht, möglich sein kann, ein besseres Informationsaustauschsystem zu schaffen.

[487] Vgl. *Bönke*, NVZ 2006, 19 ff.

Literaturverzeichnis

Abbas, Judith/Slotty-Harms, Ulrike:

Stolpersteine bei der Anwendung des § 6a UStG: Überblick über den Stand der Rechtsprechung, UVR 2006, 213.

Ammann, Gunter:

Betrugsresistenz der Umsatzsteuer sowie Vertrauensschutz für Steuerfreiheit und Vorsteuerabzug sind gleichzeitig möglich, UR 2005, 533.

Beck, Ernst:

Zur Problematik des Systems des Ursprungslandes beim grenzüberschreitenden Verkehr, UR 1962, 25.

Bielefeld, Franz:

Atempause im Streit über innergemeinschaftliche Lieferungen, DStR 2006, 355.

Birk, Dieter (Hrsg.):

Handbuch des Europäischen Steuer- und Abgabenrechts, Herne/Berlin, 1995 (zitiert: *Bearbeiter*, in: Birk, EG-Steuerrecht, § ..., Rn. ...).

Birkenfeld, Wolfram:

Das große Umsatzsteuer-Handbuch, 44. Ergänzungslieferung, Stand August 2007, Köln.

Birkenfeld, Wolfram:

Umsatzsteuer-Identifikationsnummer des Abnehmers und innergemeinschaftliche Lieferung, UR 1993, 145.

Bönke, Detlef Otto:

Grenzüberschreitende Ahndung von Verkehrsverstößen: - Das EU-Übereinkommen zur Vollstreckung von Geldstrafen und Geldbußen, NZV 2006, 19.

Bunjes, Johann/Geist, Reinhold:

Umsatzsteuergesetz, 8. Aufl., München, 2005 (zitiert: *Bearbeiter*, in: Bunjes/Geist, UStG, §..., Rn. ...).

Callies, Christian /Ruffert, Matthias (Hrsg.):

EUV/EGV-Kommentar, 3. Aufl., München, 2007 (zitiert: *Bearbeiter*, in: Callies/Ruffert, EUV/EGV, Art. ...EUV/EGV, Rn. ...).

Dziadkowski, Dieter:

Dauernde Übergangsregelung oder Neuregelung der Umsatzbesteuerung im Binnenmarkt, UR 1993, 344.

Dziadkowski, Dieter/Robisch, Martin:

Gutachten zur Harmonisierung der Umsatzbesteuerung in Europa vorgelegt, BB 1994, 1605.

Englisch, Joachim:

Nachweispflichten und Vertrauensschutz bei innergemeinschaftlichen Lieferungen, UR 2008, 481.

Englisch, Joachim:

Wettbewerbsgleichheit im grenzüberschreitenden Handel, Tübingen, erscheint im Oktober 2008.

Grabitz, Eberhard/Hilf, Meinhard:

Das Recht der Europäischen Union, 33. Ergänzungslieferung, Stand Oktober 2007, München (zitiert: *Bearbeiter*, in: Grabitz/Hilf, Recht der EU, Art. … EUV/EGV, Rn. …).

Harksen, Nathalie/Möller, Thomas:

Nachweispflichten im grenzüberschreitenden Warenverkehr, UStB 2008, 78.

Hässel, Günter:

Praktikerhinweise zum EG-Binnenmarkt, UR 1993, 244.

Hemmelrath, Alexander/Busch, Barbara:

Bringt das Umsatzsteuerbinnenmarktgesetz für die Unternehmen wesentliche Erleichterungen?, BB 1992, 2190.

Henze, Thomas:

Gemeinschaftsrechtliche Vorgaben für den Nachweis der innergemeinschaftlichen Lieferung, EU-UStB 2007, 89.

Hübschmann, Walter/Hepp, Ernst/Spitaler, Armin:

Kommentar zur Abgabenordnung und Finanzgerichtsordnung, 198. Ergänzungslieferung, Stand Mai 2008, Köln (zitiert: *Bearbeiter*, in: H/H/Sp, § … AO/FGO, Rn. …).

Jakob, Wolfgang:

Umsatzsteuer, 3. Aufl., München, 2005.

Klezath, Peter:

Umsatzsteuer und Binnenmarkt, UR 1992, 61.

Klünemann, Martin:

Beleganforderungen bei innergemeinschaftlichen Lieferungen, UStB 2002, 344.

Kogels, Han:

VAT fraud: It Takes Two to Tackle It, International VAT monitor, 2007, 156.

Kraeusel, Jörg:

Die Zukunft der Umsatzsteuer aus deutscher Sicht – Risiken, Chancen und Perspektiven, in: Kirchhof, Paul/Nieskens, Hans (Hrsg.): Festschrift für Wolfram Reiss, Köln, 2008, S. 297.

Kraeusel, Jörg:

Innergemeinschaftliche Lieferung und Vertrauensschutz, JbFSt 2004/2005, 537.

Kraeusel, Jörg:

Verhältnis der Nachweispflichten nach § 6a Abs. 3 UStG zum Vertrauensschutztatbestand des § 6a Abs. 4 UStG, UR 2005, 187.

Küffner, Thomas/Langer, Ronny:

Nachweispflichten bei innergemeinschaftlichen Lieferungen, DB 2008, 1116.

Küffner, Thomas/Zugmaier, Oliver:

EuGH stärkt Rechtsposition bei innergemeinschaftlichen Lieferungen – Anmerkung zu den EuGH Urteilen vom 27.9.2007 Collée, Teleos und Twoh International, DStR 2007, 1807.

Kuttin, Michael/Berger, Wolfgang:

Das Mehrwertsteuerpaket – Ort der Dienstleistung, in: Quantschnigg, Peter/Wiesner, Werner/Mayr, Gunter (Hrsg.), Steuern im Gemeinschaftsrecht – Festschrift für Wolfgang Nolz, Wien, 2008, S. 249.

Langer, Michael:

Reformüberlegungen zur Umsatzsteuer, in: Kirchof, Paul/Nieskens, Hans (Hrsg.), Festschrift für Wolfram Reiss zum 65. Geburtstag, Köln, 2008, S. 245.

Langer, Ronny:

Nachweisführung bei innergemeinschaftlichen Lieferungen, NBW direkt 13/2008, 10.

Lehr, Helmut:

Innergemeinschaftliche Lieferungen: Brennpunkt Vertrauensschutz, DStR 2005, 586.

Leitl, Heiko:

Rechtsauslegung contra legem durch den EuGH – Anmerkung zur Entscheidung des EuGH v. 27.9.2007 in der Rs. Teleos, C-409/04, UVR 2008, 138.

Lohse, W. Christian:

Neutralitätsgrundsatz im Umsatz / Mehrwertsteuerrecht, UR 2004, 582.

Lüdemann, Peter:

EG-Recht und nationales Steuerrecht, BB 1992, 1606.

Maunz, Stefan:

Anmerkung zum EuGH-Urteil in der Rechtssache Collée, UR 2007, 818.

Michel, Bettina:

BFH: Nachweis der innergemeinschaftlichen Lieferungen, Anmerkung zum BFH-Urteil v. 8.11.2007, V R 26/05, BB 2008, 1268.

Nieskens, Hans:

Anmerkung zum EuGH-Urteil in der Rs. Collée, EU-UStB 2007, 83.

Nieskens, Hans:

Anmerkung zum EuGH-Urteil in der Rs. *Teleos*, EU-UStB 2007, 85.

Nieskens, Hans:

Anmerkung zum EuGH-Urteil in der Rs. Twoh, EU-UStB 2007, 84.

Nieskens, Hans:

Das Umsatzsteuer-Binnenmarkt-Gesetz: Geniestreich oder Schnellschuß?, BB 1992, Beilage 17, 1.

Nieskens, Hans, Nachweispflichten und guter Glaube, EU-UStB 2008, 57.

Oelmaier, Alexander:

Zum Nachweis der innergemeinschaftlichen Lieferung – Anmerkungen zur (jüngsten) Rechtsprechung des BFH, DStR 2008, 1213.

Ohne Verfasser:

Zur weiteren Harmonisierung der Umsatzsteuer, Rede des Mitglieds der EWG-Kommission Hans von der Groeben von der Konferenz der Wirtschafts- und Finanzminister der EWG-Länder am 23. und 24.2.1970 in Paris, UR 1970, 93.

Plückebaum, Konrad/Malitzky, Heinz/Widmann, Werner:

Umsatzsteuergesetz, Kommentar auf CD-ROM, 10. Aufl., Band I: 75. Lieferung, Band II: 172. Lieferung, Stand Juni 2008, Köln (zitiert: *Bearbeiter*, in: P/M/W, UStG, § ..., Rn. ...).

Pump, Hermann:

Probleme des Vertrauensschutzes bei innergemeinschaftlichen Lieferungen gem. § 6a Abs. 4 USTG – Problemvermeidung durch vertragliche Lösung, UStB 2007, 73.

Pump, Hermann:

Probleme durch unwirksamen Vertrauensschutz bei innergemeinschaftlichen Lieferungen –Europarechtswidrige Irrwege und Unzulänglichkeiten durch § 6a Abs. 4 UStG, UStB 2007, 165.

Rau, Günter/Dürrwächter, Erich/Flick, Hans/ Geist, Reinhold:

Kommentar zum Umsatzsteuergesetz, 132. Ergänzungslieferung, Stand Oktober 2007, Köln (zitiert: *Bearbeiter*, in: R/D, UStG, § ..., Rn. ...).

Rokos, Volker:

Die Übergangsregelung der Umsatzsteuer für grenzüberschreitende Umsätze im Europäischen Binnenmarkt ab 1993 – Änderung der 6. EG-Richtlinie, Teil I, UR 1992, 89; Teil II, UR 1992, 129.

Rothenburger, Franz:

Voraussetzungen der Steuerfreiheit innergemeinschaftlicher Lieferungen, UStB 2004, 372.

Rüth, Henning:

Risikoverteilung zwischen Unternehmer und Finanzverwaltung bei innergemeinschaftlichen Lieferungen, UStB 2006, 69.

Rüth, Henning/Winter, Matthias:

Kein Vertrauensschutz bei lückenhaften Belegen über innergemeinschaftliche Lieferungen, DStR 2005, 681.

Saß, Gert:

Innergemeinschaftliche Lieferung und Vertrauensschutz, JbFSt 2004/2005, 537.

Sauer, Marcus:

Bedeutung des Buchnachweises für Umsatzsteuerbefreiung einer innergemeinschaftlichen Lieferung, Anmerkung zu BFH-Beschluss v. 10.2.2005, V R 59/03, IStR 2005, 423.

Schiessl, Martin/Krüger, Alexander:

Rechtssicherheit bei innergemeinschaftlichen Lieferungen an einen Scheinunternehmer, BB 2003, 1468.

Scholz, Jürgen:

Nachweispflichten und Gutglaubensschutz bei innergemeinschaftlichen Lieferungen, EU-UStB 2007, 71.

Schuhmann, Helmut:

Zur Vertrauensschutzregelung des § 6 a Abs. 4 UStG 1993, UVR 1993, 300.

Schulze, Reiner/Zuleeg, Manfred:

Europarecht, Handbuch für die Rechtspraxis, Baden-Baden, 2006 (zitiert: *Bearbeiter*, in: Schulze/Zuleeg, Europarecht, §..., Rn. ...).

Sölch,Otto /Ringleb, Karl:

Umsatzsteuer, 58. Ergänzungslieferung, Stand September 2007, München (zitiert: *Bearbeiter,* in: S/R, Umsatzsteuer, § ..., Rn. ...).

Spilker, Bettina /Chrzan, Maciej:

Importbesteuerung von Gegenständen und Dienstleistungen in Deutschland und in Polen, UR 2007, 207.

Stadie, Holger:

Umsatzsteuerrecht, Köln, 2005.

Sterzinger, Christian:

Buch- und Belegnachweis bei einer innergemeinschaftlichen Lieferung, UR 2008, 169.

Tausch, Wolfgang:

Zur Nachholbarkeit des Buchnachweises bei innergemeinschaftlichen Lieferung, UVR 2007, 348.

Terra, Ben/Kajus, Julie:

A Guide to The European VAT Directives, Amsterdam, 2008.

Terra, Ben/Wattel, Peter:

European Tax Law, 3. Aufl., Leiden, 2001.

Theile, Carsten:

Die Sorgfalt eines ordentlichen Kaufmanns im Umsatzsteuerrecht, UR 1993, 73.

Tipke, Klaus/Lang, Joachim:

Steuerrecht, 19. Aufl., Köln, 2008 (zitiert: *Bearbeiter*, in: Tipke/Lang, Steuerrecht, § …, Rn. …).

Tumpel, Michael:

Ein hybrides Mehrwertsteuersystem für Österreich und Europa, in: Quantschnigg, Peter/Wiesner, Werner/Mayr, Gunter (Hrsg.), Steuern im Gemeinschaftsrecht – Festschrift für Wolfgang Nolz, Wien, 2008, S. 322.

Tumpel, Michael:

Mehrwertsteuer im innergemeinschaftlichen Warenverkehr, Wien, 1997.

Vanheiden, Udo:

Die Vertrauensschutzregelung gem. § 6a Abs. 4 UStG – Die Anwendungsmöglichkeiten anhand von Beispielssachverhalten, UStB 2003, 276.

Vierbach, Leonhard/Baumgartner, Markus:

Innergemeinschaftliche Lieferungen – Risiken für die Kfz-Branche, UStB 2004, 239.

Vogel, Alfred/Schwarz, Bernhard:

Kommentar zum Umsatzsteuergesetz Online, Version 4.1, Stand November 2007, Freiburg (zitiert: *Bearbeiter,* in: Vogel/Schwarz, UStG, § …, Rn. …).

Wäger, Christoph

Besteuerung innergemeinschaftlicher Reihengeschäfte, Köln, 2001.

Wäger, Christoph:

Nachweispflichten und Vertrauensschutz bei innergemeinschaftlichen Lieferungen – Die Bedeutung der Ermächtigungsgrundlage im UStG, UStB 2004, 206.

Wagner, Wilfried:

Innergemeinschaftliche Lieferung und Vertrauensschutz, JbFSt 2004/2005, 537.

Weber, Christian:

Der lange Weg zum Ursprungslandprinzip – Die Ära des Karussellbetrugs, UR 2003, 422.

Weimann, Rüdiger:

Bekämpfung des Mehrwertsteuerbetrugs: EU-Vorgaben und Maßnahmen der Finanzverwaltung, UStB 2008, 56.

Weimann, Rüdiger:

Innergemeinschaftliche Lieferung: Bedeutung und Form der Abnehmerversicherung, UStB 2005, 356.

Weimann, Rüdiger/Lang, Fritz:

Umsatzsteuer – national und international, 2. Aufl., Stuttgart, 2007 (zitiert: *Bearbeiter,* in: Weimann/Lang, Umsatzsteuer, S. ...).

Widmann, Werner:

Das Umsatzsteuer-Binnenmarktgesetz, UR 1992, 249.

Widmann, Werner:

Über den Grundsatz der Verhältnismäßigkeit im Umsatzsteuerrecht, UR 2006, 108.

Winter, Matthias:

Die Umsatzsteuer im EG-Binnenmarkt, UR 1991, 333.

Winter, Matthias:

EuGH bestätigt Vertrauensschutzreglung gem. § 6a Abs. 4 UStG, UR 2007, 881.

Winter, Matthias:

Ende des Vertrauensschutzes bei innergemeinschaftlichen Lieferungen?, UR 2005, 247